고운 최치원, 나루에 서다

고운 최치원, 나루에 서다

© 김은미·김영우, 2017

초판 1쇄 펴낸날 2017년 3월 10일

지은이 김은미 김영우
펴낸이 이건복
펴낸곳 도서출판 동녘

전무 정락윤
주간 곽종구
책임편집 구형민
편집 최미혜 이환희 사공영
미술 조하늘 고영선
영업 김진규 조현수
관리 서숙희 장하나

일러스트 조재석
인쇄 새한문화사 **제본** 다인바인텍
라미네이팅 북웨어 **종이** 한서지업사

등록 제311-1980-01호 1980년 3월 25일
주소 (10881) 경기도 파주시 회동길 77-26
전화 영업 031-955-3000 편집 031-955-3005 **전송** 031-955-3009
블로그 www.dongnyok.com **전자우편** editor@dongnyok.com

ISBN 978-89-7297-860-2 44150
       978-89-7297-709-4 (세트)

고운

우리
인물
답사기

최치원,
나루에
서다

김은미·김영우 지음

동녘

　최치원에 대한 이야기는 신비로웠다. 항해술도 발달하지 않았던 9세기에 열두 살 어린 소년이 당나라를 향해 떠났고, 몇 해 지나지 않아 과거에 합격했다. 당나라에서 유명한 문사로 지내다가 신라로 돌아온 최치원은 그러나 오래지 않아 가야산으로 숨어 버린다. 어떤 사람들은 그가 스스로 생을 마감했다 하고, 또 어떤 사람들은 신선이 되었다고 했다. 전하는 이야기 속 최치원의 삶은 드라마틱했다.

　하지만, 최치원은 실존 인물이고 우리처럼 하루하루 일상의 삶을 살았던 현실의 인물이다. 과거에 금세 합격한 것은 최치원의 비상한 두뇌와 엄청난 노력 덕분이라 해도, 왜 그는 겨우 열두 살에 바다를 건너야 했을까. 왜 가야산으로 숨어들어야 했을까. 우리는 최치원을 이해하고 싶었다.

　책을 준비하면서 여느 때처럼 답사에 공을 들였다. 우리나라 여러 곳은 말할 것도 없고, 멀리 중국의 시안과 양저우까지 다녀왔으니 공을 들였다고 말해도 덜 민망하다.

　그러나, 최치원을 이해하기 위해 떠난 여행은 아쉽게 마무리될 때가 종종 있었다. 그에 대해 남겨진 기록은 많지 않았고, 그 기록 위에는 전설과 민담이, 각색과 윤색이 여러 겹 더해져 있었다. 그런 것들을 걷어 내고 보니, 답삿길에서 얻은 소득이 별로 없을 때도 많았다. 답사를 떠났으나 여행만 남은 적도 있었다. 그 모든 것은 어쩌면 최치원과 우리 사이에 놓인 천년의 시간 때문이기도 했다.

　그래도 답사의 시간이 쌓여 가면서, 차츰 최치원은 현실적 인물로 구체화되어 우리에게 다가왔다. 여러 겹 덮힌 그런 무성한 이야기들이 최치원을 이해하는 또 다른 방법이었음은 물론이다.

　이번에도 여러 선생님들의 학문적 업적에 기댄 바 크다. 이혜순, 조동일, 장일규, 최영성 선생님의 중량감 있는 연구와, 이황진 등 신진학자의 참신한 시각은 최치원에 대한 믿을 만한 글을 쓸 수 있는 중요한 기반이 되었다. 지면을 통해서나마 깊이 감사드린다.

　최치원의 시에 대한 글이 이 책의 첫걸음이었다. 논문을 내도록 용기 주신 조태흠 선생님과, 우리 부부의 작업을 한결같이 신뢰하고 격려해주시는 이혜순 선생님께 더없는 존경과 감사를 표한다. 책이 나오기까지 애를 많이 쓰셨던 동녘의 구형민 편집자께도 고마움을 전한다.

　우리의 그분들이 응원해 주시는 덕분에 느리지만 꾸준하게 답사하고 공부하고 글을 쓴다. 열거하지 않아도 우리의 마음을 알아주실 그분들께 감사드린다.

　우리 삶의 원동력이자 추진력이 되어 주는 민규, 민서, 병윤이에게 사랑을 전하며.

2017년 2월,
그 이름의 유래가 최치원에게 있다는 해운대에서.

차례

머리말 *4*

부록

1

인백기천
人百己千

1.

너는 결국 오지 않았어. 혹시나 하는 마음으로 출국장 앞에서 또 한참을 기다렸지만 너는 결국 오지 않았어.

아무래도 갈 수가 없어요. 미안해요, 형.

현준이에게 문자를 받은 시각은 여섯 시 오 분, 내가 집을 나서기 10분 전. 너는 아침까지 고민을 했구나. 나는 네가 보낸 문자를 떠올리면서, 너는 정말 오지 않는 걸까 생각하면서, 울퉁불퉁한 돌길 위로 캐리어를 끌면서, 헐거워진 운동화 끈을 꼭 조이면서, 입김으로 손을 불어 가면서, 기사 아저씨가 열어 주는 공항버스 아래편 빈 곳에 트렁크를 밀어 넣으면서 그렇게 공항으로 왔어.

현준이가 자기 표를 취소했는지 어쨌는지는 알 수 없지만 여덟 시 오십 분이 되자 옆자리가 빈 채로 비행기는 출발했다. 예정해 둔 3박 4일의 일정을 혼자 소화해 내야 한다는 사실이 비행기가 이륙하고 나서야 실감 나기 시작하면서, 짜증스럽기도 하고 당황스럽기도 한 감정들이 밀려와 살짝 머리가 아팠다.

잠시 눈을 감았던 것 같은데 어느새 상하이 푸동 공항이다. 여기서 다시 버스를 타고 홍차오역(虹橋驛)까지 가야 한다. 양저우까지 가려면 난징을 거쳐야 하는데, 마침 우리가 가기로 한 날에는 난징 공항으로 바로 가는 것보다 상하이로 들어가서 고속철로 난징역까지 이동했다가 거기서 양저우로 가는 편이 더 저렴하다며 현준이가 일찌감치 잡아 놓은 스케줄이었다. 이렇게 혼자 오게 될 줄 알았더라면 조금 비싸더라도 난징행 비행기를 탔을 텐데.

9번 게이트로 나와 1번 기둥 앞에서 버스를 탔다. '홍차오 레일 스테이션'에 내리는 거라 했지, 현준이가. 다시 두통이 일었다. 버스가 국내선 앞에 정차해서야 매표원이 요금을 걷는다. 버스는 다시 홍차오를 향해 달리기 시작했고, 요금을 주고받느라 잠시 소란스럽던 차 안도 이내 조용해졌다.

왼쪽 세 번째 줄에 앉아 있는 서양 남자 한 명을 빼고 차 안은 대부분 아시아 사람들이었다. 대각선 앞쪽 자리의 남자는 아까부터 휴대전화를 만지작거리고 있다. 휴대전화에 박힌 우리나라 기업의 영문 이름이 눈에 들어온다. 사람들은 지쳐 보이지도 들떠 보이지도 않았다. 그저 일상을 사는 모습이었고, 중국의 일상 속에 내가 들어와 있을 뿐이었다. 창밖으로는 푸동의 풍경이 펼쳐졌다. 산도 없는 너른 들판에 끝이 보이지 않는 집들과 집들. 좀 높다 싶은 건물마다 태양열 발전판을 옥상에 이고 있는 것이 특징이라면 특징일 뿐, 상하이는 또 푸동은 그저 흔히 보는 대도시의 모습이었다.

한 시간 가까이 달린 끝에 비로소 버스가 멈췄다. 홍차오 공항에 내리면 안 돼요. 홍차오 레일 스테이션, 우리는 거기서 내려야 해요. 현준이 음성이 들리는 듯했다. 그렇게까지 준비해 놓고 이렇게 틀어 버릴 건 뭐야. 진지하기는⋯⋯. 어쨌든 나는 여기 중국에 왔고, 현준이는 부산, 아니 김해에 남았고. 어차피 이젠 뭐 어쩔 수 없지. 양저우에서의 3박 4일이 오롯이 내 시간이구나, 나흘 동안 홀가분하게 지내 보지, 뭐. 생각이 그리로 기울고 있었다.

공항 검색대 통과하듯 짐과 몸을 검사받고서야 어렵사리 고속철도역 구내로 들어섰다. 아, 놀라운 인파, 인파, 인파. 놀이공원에서 한 시간 넘게 기다려 힘들게 프렌치 레볼루션을 탔던 그날 이후로 줄 서서 뭔가를 기다리는 일은 거의 해 보지 않았다. 대전역에 들렀을 때 그 유명하다는 빵집 앞까지 갔다가도 몇 겹으로 둘러선 긴 줄을 보고서는 얼른 그곳을 벗어났었다. 경주 교리였나, 유명한 김밥집이 있다기에 답삿길에 들렀는데 100미터도 넘는 긴 줄 때문에 그냥 돌아섰던 기억도 있다. 그런데 지금 이 눈앞의 인파. 중국 최대의 명절이라는 춘절을 앞두고 있어서라고 해도 지금 이 인파와 역의 규모는 정말 놀라웠다. '대륙의 스케일'이라는 말이 입에서 저절로 나왔다. 역이 어찌나 큰지 한눈에 잘 들어오지도 않는다.

잠실 야구장을 가득 채운 많은 관중이 동시에 움직인다면 이런 느낌일까. 개찰구까지 늘어선 엄청나게 긴 줄을 따라 겨우겨우 승강장으로 이동해 기차를 탔다. 메뉴판에 있는 음식 사진만 보고 손짓으로 면 요리를 주문했던 역 안의 식당에서는 혼자 온 어떤 아저씨와 합석을 했지만, 막상 기차를 타고 수저우, 우시, 창조우, 단양, 전지앙을 거쳐 난징에 도착하기까지 화해호(和諧號) 옆자리는 내내 비어 있었다.

139.5위안을 내는 2등석도 현준이가 인터넷으로 예매해 둔 것이었다. 현준이는 자기 몫으로 예매한 좌석을 아직 취소하지 않은 모양이었다. 고속철도 덕분에 물리적으로 먼 지역들이 심리적으로 꽤나 가까워졌잖아요. 그래서 기차 이름도 화해호라나 봐요. 그에 비하면 우리나라 고속철의 이름은 참 무감하죠? 그냥 KTX라니……. 현준

이는 그런 말도 덧붙였었다.

현준이를 처음 '만난' 건 겨우 두 달 전이었다. 학회 참석 차 부산에 내려가기로 한 토요일 오후, 우리는 드디어 그날 얼굴을 보기로 했다. 서로의 존재를 알고 지낸 지 거의 2년 만에야 실제로 대면하게 된 것이다.

관심 분야 발표만 듣고 난 후, 아직 토론 중인 학회장을 빠져나왔다. 만나기로 한 카페를 찾기는 어렵지 않았다. 학회가 열린 대학 정문에서 나와 왼편으로 조금 걸으니 현준이가 말했던 '마술피리' 간판을 단 밝은 청록색 건물이 보였다. 그 건물 1층 노랗게 칠한 벽 사이로 파란 테를 두른 유리 출입문이 눈에 들어왔다. 계단은 단번에 3층까지 올라가게 되어 있었다. 대리석 계단을 올라 카페 문을 열자 클래식 음악이 흘러나왔다. 웃으며 반겨 주는 직원에게 대충 인사를 하고 두리번거리니 안쪽 3인용 테이블에 앉아 있던 소년 같은 청년이 엉거주춤 일어난다. 현준이었다.

현준이를 알아보는 것은 어렵지 않았다. 그가 페이스북 담벼락에 올려 두었던 몇 장의 인물 사진, 거기서 보았던 바로 그 얼굴이었다. 외투를 잡아당겨 주름을 펴며 가볍게 숨을 한번 내쉬고 그에게 다가갔다.

낯설지 않았다. 우리는 그간 페이스북을 통해 서로

의 얼굴을 알고 있었고, 서로의 일상도 공유하고 있었으니까. 현준이는 페이스북에서 본 그대로 해맑은 얼굴이었다.

"달중이 형이시죠?"

"아, 현준이? 드디어 얼굴을 직접 보게 되네. 반가워요."

"여기, 찾기 힘들지 않으셨어요? 형님은 페이스북에서 본 그 모습 그대로세요. 형님이라 불러도 되지요?"

마른손을 비벼 가며 그가 말했다.

"형님이라뇨. 너무 높임말 쓰고 그러지 말고, 그냥 형으로 불러요. 그래야 나도 편하지."

"아, 그래도 돼요? 마음속으로는 굉장히 가까운 형 같아요, 사실은. 형도 그럼 말씀 놓으세요. 나이도 거의 일고여덟 살이나 차이가 나는데요."

페이스북을 통해 내가 파악한 현준이는, 아니, 페이스북 친구로 내가 알고 있는 현준이는 중학교 2학년 때 학교를 자퇴하고 검정고시를 통해 대학에 입학해 지금 정치외교학과 3학년 2학기를 다니고 있었다. 원래는 서울에 살았지만 김해에 있는 대학으로 진학을 했고, 취미로 바이올린과 태극권을 배우고 있으며 이제 스무 살이었다. 리더스학부를 하나 더 전공하느라 주말에도 공부 때문에 많이 바쁜 것 같긴 한데 가끔 야구장에는 가는 것 같고, 여자 친구는 없는 모양이었다. 페이스북은 생각보다 많은 것을 알려 주었다.

"김해에서 부산까지도 시간이 꽤 걸리지?"

이 카페의 자랑이라는 드립 커피를 주문하고 자리를 고쳐 앉으며 현준이에게 물었다.

"버스 타면 40분쯤? 서울에서 그 정도 거리는 별로 먼 거 아니잖아요? 그래도 낙동강을 넘어서 오는 거긴 해요. 형은 이제 일이 다 끝난 거예요?"

"응. 새벽차로 내려와서 친구 만나 아침 겸 점심 먹고, 학회 가서 발표도 들었고, 이제 너 만나고 올라가면 돼."

"참 신기하네요. 페이스북에서 만난 형을 눈앞에서 보게 되다니. 제가 만나자고 페북 메시지 보내서 놀라거나 우습거나 하지는 않았어요?"

"무슨 소리야. 오히려 반갑고 좋지. 부산 온 김에 실제 이현준을 만나니까 나도 재미있고 좋은데? 글 보면서 이현준이 궁금하기도 했고, 어느새 굉장히 가까운 사람 같은 느낌도 들었어. 이게 SNS의 착시인지 모르겠지만."

"페이스북 친구 중에 형이랑 나랑 겹치는 사람이 있었나 봐요. 그 사람이 형 글에 '좋아요'를 누르면 그것 때문에 형 글이 제게도 가끔 보이는 거예요. 한두 번씩 보이는 글이었지만 형 글이랑 사진이 참 좋더라고요. 그래서 얼른 친구 신청을 했죠. 한국학을 전공하는 대학원생이라는 점도 멋져 보였고."

"아, 그런 거였구나. 페이스북 친구야 뭐 꼭 아는 사람들하고만 하는 게 아니니까 나는 별생각 없이 수락했지. 그런데 그다음에 가끔 네가 올리는 글들이 나도 참 좋더라고. 좋았어, 네 글이."

"겨우 스무 살짜리의 치기 어린 글이 뭐 좋겠어요. 어쩌면, 제가 다른 사람들하고는 좀 다른 방식으로 살아와서? 그걸 좀 독특하게 느끼셨을까, 형이?"

현준이가 쑥스러운 듯 웃었고, 마침 주문한 커피가 나왔고, 그때 즈음부터 초겨울비가 내리기 시작했지.

2.

　난징역(南京驛)에서 시외버스 터미널로 가는 버스를
탔다. 여행 정보 센터에서도 영어가 잘 통하지 않아 휴대
전화의 통역 애플리케이션을 두드려 가며 짧은 중국어로
알아낸 버스였다. 출발을 기다리는 버스에 앉아 나도 한
참을 기다렸다. 이윽고 버스가 출발하자 어디선가 요금
징수원이 나타나더니 사람들 사이를 돌며 2위안을 받아
갔다. 얇은 종이로 된 2위안짜리 차표도, 걷은 돈을 버스
뒷문 바로 앞의 자물쇠 매단 궤짝에 넣어 두는 것도 신기
했다. 사람들의 옷은 두꺼웠지만 표정은 가벼워 보였다.
　긴장을 풀면 금세라도 실수를 할 것 같아 자리에 앉
지는 못했다. 통역 앱에 뜬 간체자를 그림 보듯 하며 버스
에 붙어 있는 노선 안내도와 맞춰 보다가 버스가 로타리
를 돌아 좌회전해 선 곳에서 얼른 내렸다.
　난징 시외버스 터미널은 우리나라의 지방 소도시에

서도 볼 법한 작은 터미널이었다. 2층 버스 여러 대가 드나들고 있었다. 서둘러 표를 사서 개찰구 앞으로 갔다. 양저우행 버스는 15분 후에 출발한다고 했다. 개찰을 기다리면서 주전부리라도 살까 하다가 그만뒀다. 중국 여행이 처음이 아닌데도 이곳의 먹을거리는 여전히 낯설었다.

개찰을 하고 버스 타는 곳으로 나갔더니 바로 양저우행 버스가 보였다. '난징-양저우'라고 쓴 표지판이 앞 유리창에 기대 세워진 연한 미색 버스였다. 버스에 올라타는 사람들을 따라 나도 1층에 캐리어를 싣고 2층으로 올라갔다. 자리에 앉으니 그제야 맥이 탁 풀렸다. 어찌어찌하여 마침내 양저우행 버스를 탄 것이다. 이제 한 시간 반이 지나면 나는 양저우에 도착해 있을 것이다. 상하이, 홍차우, 난징. 내가 지나온 중국의 도시들이 비현실적으로 느껴졌다. 긴 하루였구나, 아직도 한참 남았지만.

비로소 하늘이 눈에 들어왔다. 대기 상태가 별로 좋지 않았다. 늘 보던 겨울 특유의 흐리고 무거운 하늘이었다. 미세먼지 때문일지도 몰랐다. 전화기를 확인했으나 미영이는 아직 카톡을 읽지 않았다. 머릿속이 여전히 복잡했다. 버스 천장이 낮아 답답하고 자리도 좁았지만, 버스가 움직이자마자 저절로 눈이 감겼다.

현준이가 내게 페이스북 친구를 신청했던 그 무렵, 나는 한창 최치원에 관심을 갖고 있었다. 시작은 경주(慶州)인 줄 알았다. 일이 있어 대구에 내려간다는 내 이야기를 들은 미영이가 일이 끝나는 대로 경주 상서장(上書莊)의 매화를 보러 가자고 했다. 개강 전이라 아직 안동에 있다면서 자기가 아버지 차를 몰고 대구까지 오겠다고 했다. 상서장은 최치원의 유허지(遺墟地)라 했다. 최치원이 그곳에서 태어났다는 설도 있지만 분명하지는 않다면서, 그래도 거기 매화나무가 몇 그루 안 되는 대신 운치가 있다 했다. 그 유명한 남산 자락 아니냐며 미영이가 웃었다. 2년 전 늦겨울이었다.

2월 말이었던가? 서울은 아직도 꽤나 추워서, 하동 같은 곳에 매화가 피었다는 뉴스는 반쯤 믿어지고 반쯤 믿어지지 않던 때였다. 남쪽에 사는 페이스북 친구들은 봄꽃 사진들을 포스팅 하곤 했지만 그것 역시 반쯤 반가웠고 반쯤 무의미했다. 그렇다고 내 눈으로 매화를 보고 싶은 정도까지는 아니었다. 오랜만에 연락을 해 온 미영이가 마침 안동에 있다 하고, 대구에서 경주는 그리 멀지 않으니 모처럼 미영이도 만날 겸 같이 가 보자 했던 것이다.

경주 톨게이트를 빠져나와 얼마 가지 않으니 오른편에 바로 상서장이 있었다. 미영이가 차를 세우는 사이 먼

저 내려 주변을 돌아보았다. '신라 말기의 학자 고운(孤雲) 최치원(崔致遠)이 나랏일을 걱정하여 시무십여조의 글을 진성여왕에게 올렸던 곳'이라고 쓰인 안내판이 서 있다. 최치원이 왕에게 글을 올린 곳, 그래서 상서장이었다.

상서장 주변은 제법 깔끔하게 정비되어 있었다. 입구 주차장에는 관광버스도 두어 대 서 있었다. 그러나 곧 그 관광버스가 사실은 상서장이 아닌 남산을 찾아온 등산객을 태워 온 것임을 알게 되었다. 상서장 안에는 인기척이 없었다.

관리인이 사는 듯한 작은 한옥 앞을 지나 상서장 안으로 들어갔다. 찾는 사람 없는 상서장은 고즈넉했다. 단청을 쓰지 않아 더 기품 있는 목조 건물이었으나 그 기품을 알아봐 줄 사람이 없었다. 아쉬운 마음에 좀 더 느린 걸음으로 상서장 주변을 돌아보았다.

주변이래야 영정각과 상서장 앞의 비각이 전부였다. 잠시 망설이다가, 잠기지 않은 자물쇠를 빼고 영정각 안으로 들어갔다. 벽에는 비단에 그려진 최치원의 영정이 걸려 있었다. 왼편에 '학사(學士) 최고운지진영(崔孤雲之眞影)'이라고 쓰인 영정은, 그러나 중국 어느 사원에 걸려 있을 법한 도인의 초상 같아 낯설었다. 바위에 앉아 다리를 X자로 슬며시 놓아둔 자세는 자연스러웠지만, 배경으로 그려진 바위와 구름과 소나무의 둥글둥글한 모습이라든가, 입고 있는 붉은 바지라든가 하는 것들에서는 모두 이국풍의 이질감이 느껴졌다. 신라인이 아닌 당나라 사람을 보는 것만 같았다. 매년 양력 4월 16일에 향사시가 봉행된다는 설명이 붙은 성금함에 잠깐 눈길을 준 뒤 문을 닫고 나왔다.

잠기지 않은 자물쇠를 다시 걸고는 상서장 앞 오른편에 서 있는 비각으로 갔다. '문창후최선생상서장(文昌侯崔先生上書莊)'이라고 새겨진 비석이 든 비각이었다. 비각을 대강 훑어본 후 상서장을 나서자 눈앞에 작은 나무 군락이 들어왔다. 미영이가 제법 운치 있다고 했던 그 매화나무들이었다. 매화가 이제 막 피기 시작했는지 활짝 피지 않은 꽃송이는 나무 앞까지 다가가야 눈에 보일 것 같았다. 오히려 주차장 가는 길가에 늘어선 생강나무가 겨자빛 꽃망울을 촘촘히 매달고 있었다.

글을 올린 곳 상서장을 보았으니, 글을 읽었다는 독서당(讀書堂)도 찾아봐야겠어. 독서당도 이 근처랬어. 미영이가 내 어깨를 툭 치며 말한다.

응, 잠깐만, 이 글만 마저 쓰고. 이제 막 피기 시작한 매화 몇 송이를 근접 촬영해 상서장 사진과 함께 페이스북에 올렸다. 글을 올리자마자 알림으로 빨간 숫자 1이 떴다. 누군가 '좋아요'를 누른 것이다. 그때 '좋아요'를 누른 사람이 바로 현준이었다.

독서당을 찾느라 한 시간은 헤맸던 것 같다. 배반사거리를 지나면 바로 오른편에 있다고 했는데 찾기가 쉽지 않았다. 배반 지하차도를 빠져나가자마자 보이는 오른편 첫길은 황복사 탑 쪽으로 들어가는 길이었다. 외길이었다. 그 길로 끝까지 달려 진평왕릉 앞까지 갔지만 거기는 아니었다. 경주의 여느 릉처럼 커다라면서 완만한 진평왕릉을 눈에 담고는 들어갔던 길을 다시 되짚어 나왔다. 나오는 길에 왼편에 있는 황복사 삼층석탑 쪽으로 들어갔다. 황복사 탑은 투박하면서도 안정감 있는 통일신라시대의 전형적인 탑이어서 석가탑이라 불리는 불국사 삼층석탑과도 비슷해 보였지만 사람들이 많이 찾는 것 같지는 않았다. 탑 옆에 차를 세우고 동네로 들어가 독서당을 수소문했지만 독서당의 존재조차 아는 사람이 없었다. 독서당이 황복사 탑 가까운 곳에 있는 것은 아닌 듯했다. 다시 돌아 나와야 했다.

그렇게 헤매기를 한 시간 남짓. 휴대전화로 이전 방문자들의 글을 검색하고 한참을 헤맨 끝에, 배반사거리를 빠져나오자마자 오히려 뒤편으로, 황복사 입구 훨씬 못 미쳐 바로 오른쪽 언덕 위에 있는 독서당을 아주 어렵게 찾아냈다.

황복사 초입에 차를 세우고는 뒤돌아 배반사거리 쪽
으로 걸었다. 수확이 끝난 겨울 논둑도 걷고 언 땅이 군
데군데 있는 소로도 걸어 겨우 독서당에 다다랐다. 사실
은 언덕 중턱에 있는 옛날 건물을 보고 무작정 그리로 걸
은 미영이 덕분에 우연히 찾은 것이었다. 나무가 헐벗은
겨울이라 옛집의 붉은 단청이 눈에 들어왔지, 녹음이 무
성한 계절이었다면 언덕 위 독서당은 찾기가 더 어려웠
을 것 같았다. 힘들게 찾은 길 초입에 '문창후최선생독서
당(文昌侯崔先生讀書堂)'이라고 씌어 있는 표지석이 있었지만
구석에 서 있어 눈에 잘 띄지 않았다.

산업로 3906-15. 현대의 도로명 주소가 설명하는
독서당이었다. 건물은 개보수를 거쳤지만 건물이 디디고
선 석축은 통일신라 때의 것이라 한다. 당나라 유학을 떠
나기 전 최치원이 글을 읽었다는 독서당. 그러나 독서당
에 이르는 길은 인적이 드물고 거칠었다. 곳곳이 유적지
인 경주에서 이런 정도의 유적지는 별로 관심을 받지 못
하는 모양이었다. 조금 전에 지나왔던 황복사 삼층석탑도
경주가 아니었더라면 중요한 고적지로 각광을 받았을지
모를 일이다.

독서당쯤은 관심도 못 받는 것 같지? 도처에 유물이

고 도처에 유적인 경주 같은 도시에서나 볼 수 있는 일종의 평가절하 아닐까? 어쩌면, 여기에 너무 볼 게 없어서일까? 후대에 보수한 독서당 한 동만 달랑 있어서? 독서당 입구의 우물을 들여다보던 미영이가 말했다.

그런 것 같아. 아, 아니, 꼭 그렇지는 않은 것 같아. 볼 게 없어서는 아닌 것 같아. 미영이 말에 동의하려는데 문득 마카오의 성 바오로 성당이 생각났다. 마카오 말이야. 넓지 않은 지역에 세계 문화유산을 그렇게 많이 가지고 있는 마카오 말이야. 이제는 다 허물어지고 앞면만 남은 폐허가 된 성당에도 사람들이 잔뜩 모여들잖아. 1600년대에 지어졌다는 그 성당, 사람들은 그 성당의 겨우 앞면을 보려고 세나두 광장을 지나 언덕 위까지 올라가잖아. 다른 데 볼 게 많다는데도 말이야. 내 말에 미영이가 고개를 끄덕였다.

독서당 앞으로 펼쳐진 겨울 들녘은 넓고 아름다웠지만 사람이 없어 춥고 쓸쓸했다. 멀리 경주 박물관이 보였다.

3.

　세상의 중심이라던 당나라 장안으로 유학을 떠났을 때, 최치원은 겨우 열두 살이었다. 배에 자석을 넣은 나무 물고기를 물에 띄워 방위를 알아보곤 했다는 지남어(指南魚)가 항해에 사용된 것은 중국에서도 11세기의 일이라고 하니, 최치원이 당나라로 가던 9세기에는 나침반도 없었다. 그저 바람과 별빛과 뱃사람들의 경험에만 의지해 바다를 건너던 때였다. 그런 어렵고 위태로운 항해를 거쳐 말도 통하지 않는 먼 나라로 열두 살 아이를 떠나보내던 부모는 어떤 마음이었을까.

　최치원의 아버지 최견일(崔肩逸)은 통일신라에서 육두 품이었다고 한다. 경주 사량부 사람이었다는 것 외에, 그가 당나라로 떠나는 아들에게 했다는 말이 《삼국사기(三國史記)》를 통해 지금도 전해진다. 10년 안에 과거에 급제하지 못하면 너는 내 아들이 아니다, 이런 무거운 말. 최견일은 열두 살 아들을 당나라로 보내면서 이렇게 비정한 이별의 말을 던졌다는 것이다.

어쩌면 그것은 비정하다기보다 비장한 것일지 모른다. 열두 살 아들을 목선에 태워 파도가 상어같이 이빨을 드러내는 험한 바다 건너 자신도 한번 가 본 적 없는 먼 곳 당나라로 보내겠다는 결심은 한순간에 이루어진 것이 아니었을 것이다. 오래오래 고민하고 또 고민했을 것이다. 오래오래 생각하고 또 생각했을 것이다. 그리고 그 어려운 선택을 실행하기 위해 오랜 시간 용기를 냈다가 망설이다가 다시 망설이다가 용기를 냈다가 하면서 한 가지 한 가지 준비했을 것이다. 머지않아 부모 품을 떠나야 했던 아들은 결심과 망설임 사이를 오간 부모의 고뇌에 찬 시간을 곁에서 쭉 지켜봤을 것이다. 그래서 가기 싫다, 두렵다 말하는 대신, 어떻게 해서든 10년 안에 꼭 과거에 급제하리라 결심했을 것이다.

경주의 그 답사를 마치고 서울로 돌아온 나는 최치원에 대한 논문을 몇 편 찾아 읽었다. 〈최치원의 삶과 시적 대응〉이라는 논문을 찾은 것도 그 무렵이었다. 시를 통해 최치원의 삶을 재구해 본다는 글이었는데 그 논문의 소제목 중 하나, 인백기천(人百己千)이라는 말이 눈길을 끌었다. 남이 백을 하면 나는 천을 하겠다는 말, 인백기천.

열두 살 최치원이 장안에서 보낸 세월 위로 인백기천이라
는 말이 겹쳐 보였다.

장안은 지금의 시안(西安) 부근, 중국의 내륙 지방이
다. 험한 서해를 건너 가까스로 중국 땅에 도착한 최치원
은 해로 여행의 고단함을 씻기도 전에 거기서부터 다시
수도인 장안까지 가야 했다. 최치원이 어떤 경로로 장안
까지 갔는지 지금으로서는 정확히 알 수 없지만, 그 길이
순탄하고 편안한 길이 아니었음은 충분히 짐작해 볼 수
있다. 말도 통하지 않는 타국에서 때로는 육로로 때로는
수로로 여러 날을 시달린 끝에야 도착했을 장안. 장안에
다다른 열두 살 최치원은 우선은 무사히 도착했다는 안도
감을 느꼈을지 몰라도, 곧 그에 못지않은 위축감을 절감
했을 것이다. 당대 세계 제1의 도시 장안, 소년은 그 장안
의 위용과 화려함에 압도당했을지도 모른다. 세계의 중심
장안은 분명 신라의 서라벌과는 달랐을 테니까. 생전 본
적 없는 다양한 물산들과 귀에 낯선 언어들 사이에서 소
년은 또 얼마나 놀랐을까. 열두 살 최치원에게는 모든 것
이 충격적인 자극이 아니었을까?

그러나 최치원은 주눅 들지 않았다. 신기한 물산과
새로운 언어와 낯선 사람 사이에서 길 잃지 않았다. 오히
려 아버지와의 비장한 이별을 떠올리면서 어떻게든 10년

안에 목표를 성취하리라 자신의 결심을 되새겼다. 나중에 신라로 돌아온 최치원은 왕에게 지어 올린《계원필경집(桂苑筆耕集)》에서 그때의 자신이 인백기천을 염두에 두고 있었음을 토로하였다. 남이 백을 하면 나는 천을 하는 노력으로 스스로 장안에서의 향상을 이루어 갔던 것이다.

이해할 수 있는 바이다. 그는 우선 당나라 말을 익혀야 했고, 당나라 말을 사용해 공부를 해야 했고, 그리고 과거를 준비해야 했다. 아버지가 정해 준 10년의 시간밖에 여유가 없었지만, 그는 젊고 패기 넘치는 소년이었다. 그가 믿고 기댈 것은 자신이었다. 남이 백을 하면 자신은 천을 해내는 스스로의 노력과 능력을 믿어야 했다. 대들보에 상투를 매달고 공부했던 손경(孫敬)이나, 송곳으로 정강이를 찔러 가며 공부한 소진(蘇秦) 못지않게 최치원도 엄청난 노력을 경주했을 것이다.

저도 그런 면에서는 최치원과 비슷해요. 부산에서 만났을 때 현준이는 내게 그렇게 말했었다. 처음 결핵 진단을 받았을 때는 그게 뭔지 잘 몰랐어요. 당장 입원을 해야하는 병이라는 것만 알았죠. 초등학교를 졸업하고 중학교 입학을 기다리던 2월 말의 일이었어요. 한 달이 다 되어가는데도 이상하게 기침이 떨어지질 않는 거예요. 열감도 있고. 그 무렵의 저는 그래서 늘 피곤하고 나른했어요. 엄마는 다니던 수영을 그만두게 하고 집에서 종일 쉬게 했지만 그런 날에도 저녁이면 늘 열이 올랐어요. 엄마는 감기도 못 잡는 의사들을 비난하면서 처음에는 약을 바꾸다가 나중에는 병원을 바꿨어요. 그러다가 세 번째 병원에서 엑스레이를 찍게 된 거죠. 거기 의사는 할아버지 선생님이었는데 엑스레이 결과를 보자마자 당장에 입원부터 시키라며 이 지경이 되도록 뭐했느냐고 엄마를 꾸짖었어요. 그래서 알았죠. 의사 할아버지가 화를 낼 정도의 그런 병에 걸렸구나, 내가.

입학식에도 가지 못했어요. 그게 시작이었던 거예요, 지나고 보니. 입원은 3주였는데 그 사이 입학식도, 신입생 오리엔테이션도, 과목 소개도 다 끝나 있었어요. 약을 먹고 2주가 지나면 전염성이 없어진다고 했지만 그래도 엄마는 저를 학교에 보내지 않았어요. 새로 입학한 학교에서 누가 그걸 이해해 주겠느냐며, 괜히 서로 찜찜해 하느니 한 달 채우고 다 나아서 가라고, 엄마는 그렇게 이야기했어요. 저도 그러고 싶었어요. 괜히 균이나 옮기는 숙주 취급은 받기 싫었어요. 균을 옮기지 않더라도 잠재적 숙주로 낙인찍히고 싶지 않았거든요. 평범한 일상의 대기 중에도 결핵균이 둥둥 떠다니고 있고, 그래서 3명 중 1명은 결핵균 보균자라는 것, 그러다가 컨디션이 나빠지거나 면역이 떨어지는 어떤 시기에 결핵이 발병한다는 것을 제가 일일이 설명할 자신도 없었고요.

무엇보다, 마스크를 쓰고 학교에 가고 싶지는 않았어요. 제가 입원해 있는 동안, 엄마는 병실에서 마스크를 써야 했어요. 간호사들도 제 방에 들어올 땐 마스크를 썼고, 가족들이 병문안을 올 때에도 마스크를 쓰게 했어요. 많이 미안했어요. 차라리 제가 마스크를 쓰는 게 낫겠다 싶었어요. 그래서 저도 식사 때만 빼고는 늘 마스크를 썼어요. 마스크를 쓰고 있으면 숨 쉴 때마다 아까 먹은 반찬 냄새가 스멀스멀 같이 피어올랐지만 그건 제 입에서 나는 냄새니까 참을 수 있었어요. 그 냄새 속에는 반찬 냄새 말고도 병원 냄새, 약 냄새가 섞여 있었지만, 그중 어떤 건 내 폐 안에 있는 결핵균 냄새일 거고 그중 어떤 건 그 결핵균을 무력화시키는 소독약 냄새일 거라 저는 또 꾸욱 참았어요.

4월이 되었을 때, 더 이상 병결을 낼 수 없게 되어 학교에 가야 했어요. 아직 약을 먹고는 있었지만 이미 전염성은 전혀 없었고 마스크도 벗었어요. 하지만…… 그건 저만이 느끼는 미묘한 따돌림이었어요. 마스크를 쓰지 않고 학교에 나갔지만, 반 아이들은 제 곁에 잘 오지 않았어요. 점심시간에는 밥을 먹자마자 다들 뛰어나가 축구를 했는데 누구도 제게 같이 하자고 말하지 않았어요. 저는 어쩔 수 없이 책을 읽으며 점심시간을 보냈어요. 빈 교실에서 혼자 할 수 있는 건 그것뿐이었어요. 아이들은 아무도 없지만 그래도 책을 펴고 있으면 혼자 있어도 덜 불쌍해 보일 것 같았죠. 같이 축구할 아이가 없어서 교실에 남은 것이 아니라 책을 좋아하는 병약한 소년이어서 점심시간에도 책을 손에서 놓지 않은 것처럼 보이지 않을까, 저는 그런 생각을 했던 것 같아요. 반 전체가 팀을 나눠 축구를 한 체육 시간이 끝나고 교실로 돌아오는데 한 아이가 말했어요. 너, 뛰면 안 되는 거 아니야? 그 아이는 제가 심장 수술이라도 한 줄 알았던 걸까요? 벚꽃이 눈부시게 화사한 아름다운 계절이었지만 저는 말할 수 없이 비참하고 외로웠어요.

학교엔 오래 다니지 못했어요. 정서적으로 외롭기도 했고 심리적으로 불안하기도 했지만, 현실적으로 공부를 따라갈 수가 없었어요. 특히 수학은 늘 괴로웠어요. 내가 학교에 나가지 못했던 그 한 달 동안 다른 아이들은 중학교 공부에 안착했지만 저는 아니었던 거죠. 한 달은 생각보다 긴 시간이었고, 그때의 저는 마음도 많이 아팠거든요.

여름쯤 중학교를 관두고, 겨울이 되도록 집에서 책만

읽으며 지냈어요. 엄마는 걱정이 대단했지만 저를 야단치거나 하지는 않았어요. 그저 우리의 불운을 탓할 뿐이었죠. 하필이면 섬세하고 내성적인 큰아들이 병에 걸렸는지, 하필이면 결핵균이 왜 그 가슴 속에 번성했는지, 하필이면 중학교에 입학하는 신학기에 그런 일이 생긴 건지, 엄마는 그런 것을 탓했지만 그래도 그 모든 건 운이 없어서라고 이야기했죠. 그러면서 사골이며 흑염소를 고아 왔어요. 장어를 구워 왔고 삼계탕을 끓여 댔죠. 곧 좋은 운이 들 거라며 지금은 우선 많이 먹고 힘을 내야 할 때라고 했죠.

크리스마스 무렵, 방에서 침대를 치웠어요. 침대를 치우면서, 침대 때문은 아니지만 누워만 지냈던 그 시간들도 접어서 함께 치워 버렸죠. 그러고는 바로 검정고시를 준비했어요. 학원에 가지는 않았지만 혼자 앉아 중학교 과정을 처음부터 다시 공부했고, 고등학교 졸업 검정고시도 봤어요. 기대만큼 잘 보진 못했지만 수능도 쳤고요. 그 모든 과정은 곧 좋은 운이 들 거라는 엄마의 주문 같은 격려와, 가끔 방문을 열고 들어와 한 번씩 꽉 안아 주고 말없이 나가던 아빠의 힘센 팔, 뭐 그런 것들과 함께였죠. 그땐 정말 한순간 한순간 열심히 살았어요. 목표가 분명했으니까. 한 단계 한 단계 앞만 보며 나아갔어요.

최치원이 인백기천했다고 자부하는 그 마음, 그래서 저는 이해해요. 저도 몇 년 동안 그렇게 살았으니까요. 저, 정말 엄청나게 열심히 했거든요. 열네 살 끄트머리에 공부를 시작했는데 열여덟 살이 되었을 무렵에는 삶의 갖은 풍파를 겪어 낸 노인이 된 기분이었다니까요, 글쎄.

4.

돌이켜 보니, 시작은 경주가 아니라 시안이었다. 물론, 처음부터 최치원을 찾아 시안까지 간 것은 아니었다. 여행 사이트에서 한 장 남은 '땡처리 상품'을 구매한 건 순전히 우연이었다. 평소에는 선호하지 않던 패키지여행을 덜컥 예약한 것도 혼자 객실을 쓸 때 물게 되는 추가 요금이 없다는 안내 문구 때문이었다. 여행 기간 내내 2인실을 혼자 쓰면서 달리 신경 쓸 것 없이 가이드가 이끄는 대로 시안의 여기저기를 다녀 보는 것도 좋을 것 같았다.

9월 중순이었는데도 시안은 한국의 한여름 날씨였다. 30도쯤은 쉽게 넘기는 뜨거운 9월의 대기가 대륙성 기후가 어떤 것인지를 그대로 보여 주었다. 버스를 대절해 관광하는 패키지여행이 아니었다면 땀깨나 쏟으면서 고생했을 여행이었다.

시안 여행에서 가장 인상적이었던 것은 병마용이었

다. 익히 들어 왔던 풍경이지만 1호갱에 들어서서 처음 병마용과 대면하던 그 순간에는 눈앞에 펼쳐진 풍경인데도 내 눈을 믿을 수가 없었다. 축구장 서너 개는 됨직해 보이는 넓은 면적에 일렬로 도열해 있는 수많은 인형은 장관이라는 말로 다 설명하기 어려웠다. 진시황 사후에도 황제를 호위할 수많은 흙 사람과, 그 흙 사람들에게 소용될 흙으로 빚은 무기들과 흙으로 만든 말들. 그 자체로 흙의 세상이자 흙의 황궁이었다. 진시황은 죽어서도 자신의 왕국에 군림하고자 했구나. 흙으로 된 그 어마어마한 세상, 그 속에 스민 세상을 빚은 살아 있는 사람들의 노역은 가늠조차 할 수 없었다. 결국 황제릉의 비밀을 알고 있다는 이유로 산 채로 매장 당했다는 그들. 지금은 시안을 먹여 살리는 관광 자원이 된 병마용을 보니, 저 흙 세상을 빚은 사람들은 살아서도 죽어서도 그저 이러저러하게 착취만 당하는구나, 그런 생각도 설핏 들었다.

　　최치원이 떠오른 것은 시안의 박물관에서였다. 정식 이름은 섬서 역사 박물관이었는데 박물관은 병마용 다음 코스였다. 시안 박물관은 소도시의 박물관인데도 그 규모가 대단해서, 새로 지은 건물에 멋지게 전시된 유물들은 그야말로 위용을 자랑하고 있었다. 중국이 빠른 속도로 변화하고 있다는 사실을 박물관을 통해서도 알 수 있었다. 이 현대식 중국 박물관은, 나도 모르는 사이 등 뒤에서 그림자를 드리우며 나를 따라잡는 갑자기 키가 훌쩍 커 버린 친구 같았다.

가이드의 깃발 아래 모인 패키지여행 팀이 박물관에 전시된 유물에 대한 설명을 듣는 중이었다. 가이드가 말했다.

"우리나라 대통령이 취임 초에 중국을 방문했었죠? 시안에 우리나라 대기업도 들어왔고. 한국과 중국이 우호를 증진하는 게 저희 교포들로서는 참 기분 좋은 일이에요."

그때 최치원이 생각난 것이다. 가이드가 대통령의 중국 방문을 이야기하는 순간, 우리나라 대통령이 《논어(論語)》의 한 구절을 인용하자 중국 주석이 최치원의 시로 화답했던 뉴스가 갑자기 떠오른 것이다. 중국 주석은 최치원이야말로 한중 우호의 상징적 인물이라고 생각한 모양이야, 그렇게 말했던 미영이의 목소리도 함께. 그러고 보니 나는 시안에 있었다. 예전 당나라의 수도 장안이 있던 곳, 바로 그 시안에 있었다. 최치원이 유학 와 있던 당나라의 수도 바로 그 장안이 있던 곳.

"혹시 최치원의 유적이 시안에도 있습니까?"

가이드에게 물어보았다.

"누구요?"

가이드는 처음 듣는다는 얼굴이었다.

"당나라 때 이곳 장안에 왔던 신라 사람인데. 열두 살 때 유학 왔던 통일신라 사람. 양저우 율수의 현위도 지냈다고 하고요. 중국 발음으로는 리쉐이(溧水)겠네요."

가이드는 모른다고 했다. 대통령이 방문했을 때 중국 주석이 그 사람의 시로 화답했다는 이야기도 덧붙여 보았지만 가이드는 그 시가 우리나라 사람이 지은 시였다는 것까지는 몰랐다고 했다. 자신은 신문에 난 두 정상의 사진을 보고 자랑스러워했을 뿐이고, 자세한 기사는 읽지 않았다는 이야기도 했다. 깃발을 따라다닌 일이 갑자기 무색해지는 기분이었다.

"나도 열두 살인데……."

옆에 서서 이야기를 듣고 있던 남자아이가 말했다. 우리 여행 팀의 꼬마였다. 각자의 객실에서 따로 잠자는 것 말고는 모든 일정을 같이 하다 보니 자연스레 눈에 익은 꼬마였다.

"아, 그 집 아들도 열두 살이었구나."

곤란한 상황을 벗어나게 되어 다행이라는 듯 가이드가 꼬마를 보며 반갑게 이야기했다.

"네, 지금 5학년이에요. 최치원은 저도 아는데. 그 사람도 저만 할 때 유학을 갔다면서요? 저도 이제 캐나다 유학 갈 건데. 그래서 가기 전에 엄마랑 둘이 여행 온 거 예요."

별 이야기를 다 한다는 듯 옆에 서 있던 아이의 엄마가 아이 어깨를 가볍게 치더니 가이드에게 묻는다.

"이제 자유 관람인가요?"

"네, 30분 드릴 테니 각자 구경하시고, 지하 1층 로비에서 만나죠. 어디 보자, 지금 2시 25분이니까, 그래요, 3시까지 내려오십시요들."

가이드의 말이 떨어지자 다들 흩어졌다. 나는 아까 시선을 끌었던 당삼채 도기를 다시 보고 싶어 그쪽 전시관을 한 바퀴 돌고 조금 일찍 지하 로비로 내려갔다.

로비 바닥은 마치 약도를 그려 놓은 것 같았다. 시안을 기준으로 장안(長安)과 낙양(洛陽) 같은 예전 도시들의 위치를 표시해 둔 타일이 로비 중앙 바닥에 깔려 있었다. 미리 와서 기다리던 가이드가 내게 다가왔다.

"선생님, 아까 그 사람이 누구라고 하셨죠?"

가이드는 패키지 팀의 남자들을 사장님 혹은 선생님으로 불렀다. 나이가 든 남자들은 어김없이 사장님이었고 좀 젊은 남자들은 선생님이었다. '선생님'이란, 여행 중에 만나는 젊은 남자들을 부르는 가이드만의 호칭인 모양이었다. 그렇다 해도, 나보다 열 살은 더 많아 보이는 사람이 나를 꼬박꼬박 선생님으로 부르는 것은 듣기가 영 거북했다.

"아, 최치원요? 마음 쓰지 마세요."

나는 최대한 대수롭지 않게 말했다.

"아니오, 그냥 궁금해서요. 저희 중국 교포들은 같은 겨레지만 국적은 중국이죠. 그렇다 보니 학교에서는 중국 역사를 배울 뿐이고요. 사실, 조선의 역사는 잘 몰라요. 저도 이 일 하느라 혼자 공부해서 좀 아는 거죠."

그렇겠다 싶었다. 이들의 삶의 기반은 한국이 아니라 중국이지. 핏줄이 같은 교포라 해도 지금은 중국 국적의 사람이지. 이들의 국사는 한국사가 아닌 중국사구나, 다시 깨달아졌다.

"그러시겠어요. 혼자 한국사를 공부한다니 대단하시네요."

그러자 가이드가 손사래를 쳤다.

"아휴, 그 정도는 아니고요. 어차피 저희는 한국말로 중국 유적을 소개하는 거니까 한국사를 깊이 알 필요는 없어요. 대강만 알면 되죠. 그래도 선생님처럼 한국 인물 이야기 하시는 손님들이 계시니까 너무 몰라서는 곤란하고요."

"이건 운하인가요?"

로비 바닥의 지도에 표시된 굵게 그어진 선들을 가리키며 내가 물었다.

"네, 그건 한국 발음으로 광통거(廣通渠)예요. 이렇게 선으로 표시된 것들은 모두 운하죠. 중국에는 운하가 많아요."

"광통거라면 수나라 때 건설한 운하죠?"

"네?"

가이드는 다시 잘 모르겠다는 눈치였다.

"수나라요. 수나라 때 낙양에서 황하까지 판 운하라고 알고 있는데?"

"수나라요? 수나라는 역사 시간에 안 배우는데?"

"정말이에요? 수나라를 안 배운다고요? 수나라는 우리나라 을지문덕 장군의 살수대첩 때 상대국이었는데. 오, 신기하네요, 수나라를 안 배운다니."

가이드는 곤란한 표정으로 시선을 돌렸다.

수나라는 역사가 짧았지만 그래도 중국 역사에서 중요한 국가였다. 내가 아는 바로는 오늘날 중국 운하의 기초가 된 것도 수나라 때의 광통거였다.

게다가 수나라는 고구려를 침공했던 일로 우리나라와도 직접적인 관련이 있는 왕조였다. 을지문덕이 청천강에서 살수대첩(薩水大捷)을 승리로 이끌 때 그 상대가 바로 113만 대군을 이끌고 고구려로 진격했던 수나라 아니었던가.

《삼국사기》에 실린 〈을지문덕이 수나라 장수 우중문에게 주는 시(여수장우중문시, 與隋將于仲文詩)〉는 현전하는 우리나라 한시 중에서 가장 오래된 시이다. 고구려의 평양성 근처까지 진격한 수나라 군대가 사실은 굶주리고 피로한 상태라는 것을 파악한 을지문덕이 적장 우중문에게 이 시를 보낸 것은 고도의 심리전이었다. 결국 우중문과 수나라는 살수, 그러니까 청천강에서 을지문덕에게 대패하고 허겁지겁 퇴각해야 했다.

그런 수나라를 중국 역사에서는 가르치지 않는단다. 왕조의 짧은 존속기간 때문이었는지, 고구려에게 패퇴하고 곧 멸망하게 되는 수치스러운 수나라의 역사 때문인지는 알 수 없지만.

가이드는 수나라의 존재뿐 아니라 최치원도 몰랐다. 시안을 관광하는 한국인이 늘었지만 장안에 와서 공부한 최치원의 존재는 모른다고 했다. 시안은 물론이고 옛 장안에서 최치원의 유적에 대한 이야기는 들어 본 적도 없다고 했다.

그럴 수 있겠다는 생각이 들었다. 우리야 한문학의

비조로 꼽는 대 문장가 최치원이지만, 사실 최치원은 당나라에 유학한 외국 학생 중 한 사람일 뿐일지도 몰랐다. 당대에는 온갖 나라 사람들이 장안으로 모여들었고, 거기에는 공부하러 온 유학생들도 있었다. 당나라 정부는 그들을 국자감에서 공부하게 지원했다. 그들은 거기서 공부한 후 빈공과에 응시했고, 거기서 합격하면 중국의 관리가 되었다. 당나라로부터 숙소와 식사를 제공받은 외국인 유학생은 8000명에 이른다고 한다. 당나라는 그렇게 자신을 세계의 문화국으로 자임하면서 개방 정책을 폈다. 최치원은 그런 개방 정책의 수혜자 중 한 사람이었는지도 모른다.

그때쯤 저쪽 출입구에서 아까 그 열두 살 아이와 아이 엄마가 같이 이쪽으로 걸어왔다. 아이는 아직 어렸고, 아이 말대로라면 곧 엄마와 떨어져 캐나다로 유학을 떠날 거였다. 겨우 5학년이라던데. 아, 최치원도 딱 저만 한 나이였구나. 저렇게 어렸을 때 중국으로 떠났구나. 어쨌든 시작은 경주가 아니라 시안이었다, 지금 돌이켜 보니.

5.

　현준이가 예약한 양저우의 호텔은 당성(唐城) 유적지 가까운 곳에 있었다. 택시를 부를까도 잠시 생각했지만 그냥 버스를 타 보기로 했다. 지도에 따르면 당성유지는 호텔에서 한길로 쭉 올라가는 데 있었다. 외길이어서 버스만 타면 될 듯했다.

　호텔에서 멀지 않은 버스 정류장에는 이곳을 지나는 모든 버스의 노선도가 게시되어 있었다. 간체자는 조금 낯설었지만 휴대전화 앱을 사용하면 노선도 정도는 그럭저럭 읽을 수 있었다. 호텔 근처 정류장에 서는 모든 버스가 관음사를 지나고 있었다. 먼저 오는 차를 타고 관음사에 내리면 될 것 같았다.

　어제 오후, 양저우에 도착했을 때는 아직 주위가 밝았다. 그런데 호텔까지 가는 길을 찾아 터미널에서 헤매는 사이, 짧은 겨울 해는 져 버렸고 우여곡절 끝에 캄캄한 밤이 되어서야 호텔에 도착했다. 관광 센터에서 한국어로 된 안내서를 얻은 것이 우여곡절의 성과였다면 성과였을까.

많이 피곤했지만 쉬이 잠이 오질 않았다. 비행기와 고속철, 시외버스를 갈아타며 국경을 넘는 긴 하루를 보내고 비로소 푹신한 침대에 누웠지만 신경은 더욱 곤두섰다. 남은 일정이 걱정이었다. 돌아가는 날까지 3박 4일 동안 양저우에 혼자 있어야 했다. 이렇게 하루를 잔다 해도, 아직 2박 3일의 일정이 남아 있었다. 낯선 곳에서 홀로 보내야 할 시간들이 현실적으로 걱정되기 시작했다.

한참을 뒤척이다가 결국 벌떡 일어나 지도를 펼쳤다. 양저우는 생각보다 넓지 않았다. 한국어로 된 안내서를 참고해 가며 중국어로 된 지도를 살펴보니 다행히 대충 윤곽이 잡히는 것 같았다. 내가 있는 호텔을 기준으로 양저우 곳곳의 위치를 가늠해 보았다. 여행 계획을 짤 때 현준이와 한번 살펴본 곳들이었다. 지도를 들여다보니 그때의 기억이 조금씩 되살아났다. 갈 곳을 대강이나마 파악하고 나니 아주 겁먹을 것은 없다는 생각이 슬며시 들었다. 테이블에 펼쳐 놓은 지도를 바라보며 휴대전화와 중국어 번역 앱을 생각하니 해볼 만할 것 같았다. 그제야 마음이 조금은 놓였던 지난밤.

버스를 타고 관음산 앞에서 내렸다. 맞은편에 보이는 절이 관음산의 관음사였다. 노랗게 칠한 관음사 담벼락을 따라 조금 올라가니 오른쪽 갈림길 앞으로 '당성유지'라는 팻말이 보이고, 곧이어 회색 벽돌담이 나타났다. 당성이 있던 자리, 당성유지(唐城遺址)였다.

붉은 등을 매단 커다란 문은 당성유지의 입구 천흥문(天興門)이었다. 천흥문 왼쪽으로는 '양주 최치원 기념관'과 '양주 당성유지 박물관'이라는 안내판이 걸려 있었다. 당성유지 앞에서 25위안을 내고 입장료를 샀다. 입장권을 파는 노파는 내게 표를 주고는 다시 매표소 밖으로 나와 물을 뿌려가며 매표소 주변을 청소하기 시작했다. 노파에게도 나에게도 한적하고 여유로운 겨울 아침이었다.

최치원 동상이 입구 중앙에 놓여 있는 최치원 기념관으로 들어섰다. 동상은 최근의 것이었다. 조복을 갖춰 입은 중년의 최치원이 정면을 응시한 채 앉아 있었고, 동상 아래에는 '최치원 선생(857~약 924)'이라고 한글과 한자가 함께 새겨져 있었다.

입구 오른편의 안내석에 앉아 핫팩을 손에 쥐고 추위를 쫓고 있던 근무자가 나를 보자 긴장한 듯 허리를 바짝 세운다. 평소 사람이 많이 찾지 않아서인지 혹은 늦겨울의 이른 시간 때문인지, 안내원은 나를 부담스러워하는 듯 보였다. 친절하지만 수줍은 안내원의 손짓을 따라 서둘러 2층으로 올라갔다.

2층에는 최치원에 대한 설명 패널과, 양저우와 부산의 교류에 대한 설명 패널들이 전시되어 있었다. 최치원에 대한 설명은 일반적인 수준이었다. 양저우에 와서 여기 당성유지를 구경하는 관광객들이 최치원 기념관까지 들어와서 얻을 수 있는 정보치고는 너무 간단했다. 오히려 양저우와 부산의 교류에 대한 이야기들이 새롭다면 새로울까. 최치원의 '해운대(海雲臺)' 석각과, 양저우 리쉐이(溧水) 현에 근무했던 최치원의 행적이 이루는 교집합에 주목하고 그것을 기반으로 두 도시가 교류하도록 힘을 쏟았던 정치인들의 행보가 더 많이 강조된 느낌이었다. 애초에 최치원을 되짚어 보겠다고 양저우를 돌아보려 마음먹은 데는 나나 현준이도 의식하지 못했지만 이런 최근의 일들이 바탕이 되었음을 문득 깨닫게 되었다.

추운 실내를 벗어나 다시 밖으로 나오니 기념관과는 별도로 최치원 기념정이 있다. 기념정은 정자라기보다는 비각이었다. 금빛으로 '신라최치원선생기념비'라 새긴 비석을 품은 중국풍의 비각이었다. 글씨도 비각도 최치원이 살던 9세기 후반과는 거리가 먼 최근의 것이었다. 이 역시 두 도시 간 교류의 결과이리라.

당성유지 한편에 고려 정몽주(鄭夢周, 1337~1392)의 동상이 있는 것도 그럴 만했다. 2013년 용인시에서 제작해 기증했다는 설명이 붙은 정몽주의 청동상은 그의 문집 《포은집(圃隱集)》에 〈양주〉라는 시가 전하고 있다는 점과, 명나라 주원장을 만나러 남경으로 가던 정몽주가 양저우에 들른 적이 있다는 점에 착안하여 용인시가 양저우와 교류를 시도한 사례인 것이다. 한때는 그렇게 지방자치단체들이 해외 교류에 힘을 쏟곤 했다.

해운대 바닷가에서 최치원 기념 축제를 하는 건 어쩌면 당연한 일이죠. 현준이가 말했었다. 최치원이 남겼다는 '해운대'라는 석각이 지금 동백섬 한쪽 절벽에 남아 있고, 동백섬 중앙에는 최치원 기념관도 있으니까요. 그런데 축제의 콘텐츠가 최치원과는 별로 관련이 없어 보이더라고요. 제가 최치원 축제에 간 그 무렵은 이미 최치원 축제에 대한 해운대구의 지원이 좀 시들해진 때여서 더 그랬나 봐요. 검색해 보니 이전에는 양저우와 자매결연도 맺고 뭔가 다양하고 새로운 시도가 있었어요. 그런데 막상 제가 해운대로 최치원 축제를 보러 간 그 즈음에는 벌써 힘이 많이 빠진 느낌이었어요. 아, 글쎄, 최치원 축제에서 한복 체험, 붓글씨 체험이 웬 말이냐고요. 그건 어디서나 볼 수 있는 특색 없는 행사잖아요. 현준이의 그런 이야기들이 문득 생각났다.

하긴, 천년도 더 지난 지금 최치원의 중국 체류 시절을 재구해 보는 것이 쉬운 일은 아니다. 당시의 당나라 역시 당시의 통일신라처럼 격동기를 지나고 있었다. 최치원이 중국에 머문 것은 17년이나 되지만, 중국에서 최치원의 문장이 아무리 이름 높았다 해도 그는 외국인일 뿐이었다. 외국인 출신의 지방 관료에 대한 관심이 천년도 넘게 유지되기는 어려울 것이다. 지금 남아 있는 최치원의 흔적은, 좀 더 정확히 말해 지금 소개되고 있는 최치원의 흔적은 최근의 노력으로 재구성된 것들이다. 그 점부터 인정해야 했다.

장안에 도착한 최치원은 국자감에 들어가 인백기천의 노력을 쏟았고, 18살이 된 874년 마침내 빈공과에 급제한다. 아버지가 정해 준 10년을 다 쓰지 않고서도 단번에 과거에 급제한 것이다. 사실, 그 10년의 시한은 당시 당나라로 유학했던 도당 유학생 공통의 시한이기도 했다. 도당 유학생 혹은 견당 유학생은 대개 국비로 유학을 했는데 그때 정해진 연한이 10년이었다. 최장 10년까지는 당나라에서 숙소와 식사를 제공받을 수 있었고 본국의 도움으로 도서 구입비도 지원받을 수 있었다. 그러니 아버지가 이야기한 10년은, 당나라 유학생이라면 누구나 누리는 혜택의 시간이면서 한편으로는 이 모든 지원이 끝나는 엄청난 압박의 시간이었던 셈이다.

새로운 환경에서 새로운 언어로 공부하는 것은 쉬운 일이 아니었다. 지금도 낯선 외국에서 언어를 배워 가며 관료 등용시험에 합격하기에 10년은 결코 길지 않은 시간이다. 6, 7년 만에 빈공과에 합격한 것은 그 당시로서도 대단한 일이었을 것이다. 최치원은 그 어려운 일을 해낸 것이다.

선덕여왕 때이던 640년, 신라는 왕족의 자제들을 당나라로 보내 유학(儒學) 강의를 듣게 했다. 이것이 당나라 유학(留學)의 시초였다. 618년에 건국한 당나라는 신라를 친당 세력의 범주에 들게 하고 싶어 했는데, 이것은 중국의 선진 문화를 좀 더 가까이 하고 싶던 신라의 이해와 맞아떨어졌다. 그렇게 시작된 신라의 도당 유학은 시간이 흐르면서 차츰 육두품들의 새로운 기회로 변화하게 된다. 신분제가 엄존하는 경직된 신라에서 그 한계가 뚜렷했던 육두품들이, 골품이 아닌 과거를 통해 인재를 선발하는 당나라를 동경해서 그리로 떠나는 것은 이해할 수 있는 일이었다. 희강왕 때이던 837년에는 한 해에 무려 200명 넘게 당나라로 유학을 떠나기도 했다고 한다. 그렇게 당으로 간 신라인들은 거기서 빈공과를 준비했다. 빈공과에 급제한 신라인은 합쳐서 85인이 된다고 하는데, 지금 확인되는 것은 최치원, 박인범, 최승우 등이다.

물론, 빈공과는 당나라 사람을 위한 과거가 아니었다. 세계 제국을 표방했던 당나라는 외국인에게 문호를 개방했고 때로는 기미정책의 일환으로 외국인 유학생들을 받아들였다. 그러고는 외국인들이 모여든 장안에서 그들을 대상으로 과거를 실시했다. 빈공과에 급제한다는 것은 신라인을 포함한 외국인이 세계 제국 당나라의 일원임을 인정받는 확실하고도 유일한 길이었다.

세계 제국 당의 영향력은 깊고도 넓었다. 당나라는 당시 남국으로 불리던 통일신라와, 북국으로 불리던 발해를 놓고 빈공과 급제자의 수를 조정하는 방식으로 자신의 영향력을 발휘하였다. 한 해 통일신라에서 급제자를 냈다면 다음 해에는 발해에 급제자를 배당하는 방식으로 남북국 사이에서 자신의 영향력을 과시하면서 힘의 균형을 맞추곤 했다. 나중의 일이지만 최치원도 몇 년간 계속해서 북국에서만 빈공과 급제자가 나온다는 사실에 분개한 적이 있다. 공동 문어를 사용했던 중세 보편주의하에서 당의 영향력은 그렇게 넓고도 깊었다.

형. 저도 딱 그만큼만 알고 있었어요. 최치원은 빈공과에 급제했고, 당나라에서 벼슬을 살았으며, 고병(高騈,

?~887)의 휘하에 들었다가 황소(黃巢)의 난 때 격문을 썼고, 나중에 신라로 귀국했다는 것. 신라에 돌아와 자신이 경험한 선진 문명을 바탕으로 이상을 펼쳐 보려 했으나 당시 통일신라의 상황에서는 그것이 여의치 않았고 실망한 최치원은 결국 세상을 버리고 가야산으로 들어가 버렸다는 것. 그래서 최치원이 가야산 신선이 되었을지도 모른다고 후세 사람들이 추측하곤 한다는 것. 아, 황소의 난 때 황소에게 보낸 최치원의 격문이 너무 대단해서 그걸 듣던 황소가 놀라 의자에서 떨어질 정도였다는 것도요. 진지한 얼굴로 그렇게 말하던 현준이가 떠올랐다.

천홍문 위 성벽에 올랐다. 성벽 위에는 깃대에 꽂힌 기가 바람에 날리고 있었다. 붉은색 천에 노란색과 초록색이 차례로 가장자리를 두르고 있는 화려한 깃발이었다. 성벽으로 난 길을 따라 걸으며 휘날리는 깃발 사이로 멀리 강 쪽을 바라보았다. 겨울 들판은 황량했지만 봄을 앞두고 있어서인지 연초록빛이 대기 중에 떠돌았다.

강 쪽에서는 해자를 조성하는 공사를 하고 있었다. 멀어서 또렷하지 않았으나 공사 현장의 규모가 엄청난 것은 알 수 있었다. 어쩌면 저 강은 고운하(古運河)까지 연결되어 있는지도 모르겠다. 빈공과에 급제한 이후 율수 현위가 되어 양저우로 향했던 최치원도 어쩌면 고운하를 이용했을지 모르겠다. 운하를 이용해 양저우까지 이동하고 여기서부터 육로로 율수까지 간 것은 아닐까. 생각보다 특이한 것 없는 당성유지와 최치원 기념관은 오늘 하루의 일정으로 마무리하고, 내일은 운하를 보러 가야겠다. 아직도 배가 오르내리고 있다는 양저우의 고운하를 보러 가야겠다.

6.

자신의 노력으로 무언가를 이루어 낼 수 있을 거라
믿는 마음을 패기라고 한다면, 최치원은 패기만만한 사람
이었음이 분명하다. 열두 살에 장안에 들어가 6, 7년 만에
빈공과에 급제한 배경에는 최치원의 패기와 노력이 있었
다.《계원필경집》에 남긴 대로 스스로 인백기천의 노력을
기울인 덕분이었다.

그러나 빈공과에 급제한다고 해서 모든 것이 해결되
는 것은 아니었다. 외국인 대상 과거였던 빈공과 합격자
는 당의 과거 합격자와는 그 위상이 달랐다. 당연히 그들
이 받게 되는 관직 또한 당인들과는 차이가 있었다. 그것
이 외국인 최치원의 현실이었다.

그들의 발목을 잡는 것은 전선제도(銓選制度)였다. 당
시 당나라는 관리 선발 제도로 전선제도를 운용하고 있었
는데, 6품 이하의 직위와 관직은 대기자들 중에서 이부가

선발하는 것이 이 제도의 핵심이었다. 과거 합격자들은
수선 기간을 거쳐야 했다. 수선 기간 동안 공권이라 불리
는 글을 지어 올리며 자신의 능력을 드러내야 했다. 시와
문을 짓는 한문 구사능력이 관리의 중요한 역량이던 시절
이었다. 그러니, 빈공과에 합격하는 것은 사실상 이부의
발탁을 기다리며 대기할 수 있는 자격을 얻는 것일 뿐이
었다. 전선제도는 명칭 그대로 과거 합격자들을 모아 저
울질해서 그중 관직자를 가려 뽑는 제도였던 것이다.

874년 빈공과에 급제한 최치원도 전선제도의 영향
아래 있었다. 실제로 최치원은 급제 이후 3년여의 수선
기간을 거친 877년에야 율수 현위로 부임할 수 있었다.
그러나 율수 현위라 해 봤자 종 9품의 말단관직이었다.
큰 뜻을 품고 왔던 당나라에서 인백기천의 노력 끝에 얻
은 열매치고는 너무 초라하다고 생각하지 않았을까. 빈공
과에 급제하고도 무려 3년이나 기다렸는데. 게다가, 같은
해 과거 급제 동기인 고운(顧雲)이나 배졸(裴拙)은 급제 다
음 해인 875년에 이미 관직 생활을 하고 있었다. 당나라
사람이었던 그들은 빈공과가 아닌 당나라 정식 과거에 급
제했겠지만 그렇다 해도. 급제 동기인 당인 친구들이 바
로 관직에 등용되는 것을 보면서도 3년이나 관직 제수를
기다려야만 했던 최치원의 무력감은 얼마나 컸을까. 내가

당나라 사람이었다면, 나에게도 인맥이나 배경이 있었다면, 나도 수선 기간 3년을 다 채우지 않고서도 관직을 받을 수 있었을 텐데, 어쩌면 최치원은 한번쯤 그렇게 생각했을지도 모른다.

현준이는 최치원이 보낸 그 3년에 대해서는 전혀 몰랐다고 했다. 빈공과에 급제한 최치원은 곧 탄탄대로에 들어섰고 당나라에서 문명(文名)을 떨치며 승승장구한 줄 알았다 했다. 그러면서 살짝 가라앉은 목소리로 말했다. 아니, 전 이런 이야기는 처음 들어요. 당나라로 간 최치원은 과거에 급제해서 당나라의 높은 관리가 되었다, 이렇게만 알고 있었는데. 그게 빈공과인지 뭔지, 3년의 공백이 있었는지 어쨌는지, 관직이 높았는지 낮았는지, 그런 부분은 잘 몰랐던 거네요. 몰랐어요, 정말. 아, 좀 당황스러운데요. 최치원에게 3년의 공백이 있었다니 너무 당황스럽네요. 현준이는 생각보다 훨씬 더 당황스러워했다.

최치원에게 3년의 수선 기간이 있었다는 사실을 아는 사람이 얼마나 많다고 그래? 다들 최치원이 당나라에서 잘 풀렸다고만 생각하지들. 그리고, 뭐, 우리가 아는 어떤 사람의 삶이라는 게 꼭 그 사람 인생 '전체'는 아니잖아. 그 사람 삶에서 중요한 어떤 한 부분들인 경우가 더 많지 않겠어? 꼭 최치원 얘기뿐만 아니고. 몰랐어도 돼,

몰랐어도 돼. 나는 그렇게 현준이를 다독거렸던 것 같다.

지금 생각해 보면 그때부터 미세한 균열이 있었던 것이다. 그전까지 현준이에게 최치원은 노력과 성취의 아이콘이었다. 출세와 성공에 한계가 있던 육두품 출신이었지만 당나라에 유학하여 자신의 노력만으로 당당히 그 한계를 극복해 버린 사람. 현준이에게 최치원은 그런 사람이었다.

그건 현준이가 살고 싶은 삶이기도 했다. 자신의 노력으로 자신의 앞날을 열어젖히는 것. 그 앞에 펼쳐진 완전히 새롭고 멋진 삶. 그런 근사한 미래를 자신의 노력이라면 충분히 성취할 수 있을 것이라는 확신. 현준이가 생각한 최치원의 성공에 3년의 기다림 같은 것은 없었다. 그래서 그것을 알게 된 현준이는 당황했던 것일까? 그때 생긴 미세한 균열이 점점 커져서 결국 양저우 행을 뒤엎는 것으로 이어진 것일까?

빈공과에 급제하고도 3년을 기다려야 했지만 어쨌든 신라인 최치원은 당나라의 관리, 율수 지역의 현위가 되었다. 종 9품의 말단 관직이라고 해도 외국인이 당나라 관리가 된 것은 대단한 일이었다. 신라를 떠나온 열두 살 소년은 이제 당당히 세계 제국 당나라의 관인이 된 것이다. 어려움 끝에 빈공과에 급제한 후에도 이부의 발탁을 간절히 바라며 공권을 지어 올리던 3년의 수선 기간 끝에 얻은 결실이었다. 율수 현위를 제수받고 임지로 떠나던 최치원은 오래 기다렸구나, 드디어 당나라 관원으로서 첫발을 내딛는구나, 이런 벅찬 기쁨을 느꼈을지도 모르겠다. 그러는 한편 인백기천의 시간들과, 빈공과 급제의 환희와, 3년 수선 기간을 다 채워야 했던 무력감이 교차되는 것을 느꼈을지도 모르겠다.

그가 얼마나 유능한 관리였는지는 알 길이 없다. 작은 고을을 다스렸던 지방관의 치세에 대한 기록이 천년 후에도 남아 있기란 어려운 일이니까. 그러니까 지금 율수에서 최치원을 기리는 것은 예전부터 내려오던 훌륭한 지방관에 대한 칭송을 형상화한 것이 아니라 목적에 따라 후대에 재구성된 어떤 것이리라. 그 재구성의 맥락은 물론 한중 교류에 있을 것이고.

하여튼 그는 율수 현위로서의 임기 3년을 마쳤다. 그가 보낸 지방관으로서의 3년이 어떠했는지는 알 수 없지만, 임기 말 그가 가졌던 난감함은 추측해 볼 수 있다. 이번에도 전선제도였다. 임기를 마치면 최치원은 다시 3년의 수선에 들어가야 했다. 이전의 그 3년처럼 틈틈이 글을 지어 올리며 이부의 발탁을 기다려야 했다. 관직 제수와 수선의 이런 지리한 반복은 5품 관직에 이를 때까지 계속될 것이었다.

그는 다른 길을 가기로 했다. 최치원은 수동적으로 이부의 발탁을 기다리는 대신 스스로 이 문제를 타개하기로 했다. 박학굉사과를 선택한 것이다. 또 다른 관리 임용 시험인 박학굉사과는 빈공과와 달랐다. 그것은 고급 관료의 등용문이었다. 이 시험에 붙으면 수선 기간 없이 단번에 상급 관직을 받을 수 있었다. 외국인으로서는 빈공과 급제만도 대단한 일이었지만 빈공과 급제로는 하급 관리를 면할 수 없는 것이 현실이었다. 게다가 임기가 끝나면 또다시 수선에 들어가는 방식으로 드문드문 관직을 살아야 했다. 최치원이 박학굉사과를 선택한 것은 자신 앞에 펼쳐질 그런 지리멸렬한 시간에서 스스로 벗어나기로 했음을 의미한다. 이미 인백기천의 노력으로 빈공과에 급제한 그가 아니었던가. 그는 다시 스스로를 믿기로 했다. 인맥도 배경도 없는 외국인으로서는 더 이상의 비전이 없어 보이던 바로 그때, 최치원은 스스로의 힘으로 그를 옥죄는 현실의 한계를 타개하기로 했다. 자신의 노력에 자신의 미래를 걸기로 한 것이다. 율수 현위 임기가 끝난 879년 겨울, 최치원은 박학굉사과 준비에 들어간다.

만약, 예측 가능한 하루하루가 이어지는 평온한 시기였다면 최치원은 곧 박학굉사과에도 합격했을지 모른다.

그의 능력과 노력이라면 새로운 성취에 또다시 자신의 이름을 올렸을지도 모른다. 그러나 최치원이 살던 격동의 당나라는 그의 뜻과는 다른 방향으로 흘러갔다. 예정되어 있던 880년의 박학굉사과 시험이 취소된 것이다. 시험 준비에 매진하던 최치원으로서는 뜻밖의 상황에 직면하게 되었다. 황소군의 난으로 당나라가 혼란하던 때였다. 예상한 대로 흘러가는 하루하루가 오히려 기적인 날들이었다. 최치원과 박학굉사과 역시 같은 운명이었다. 당나라 전역을 휩쓸던 황소군의 기세를 볼 때, 일단 중지된 시험이 재개되는 것은 요원해 보였다. 고급 관료로 단번에 승급하려던 최치원의 계획이 어그러지고 말았다.

그는 좌절했겠지만 거기서 주저앉지는 않았다. 패기 만만한 사람, 최치원 아니었던가. 그는 또다시 새로운 길을 선택했다. 언제 치르게 될지 알 수 없는 박학굉사과를 포기하고, 대신 유력자의 막부에 들기로 한 것이다. 박학굉사과의 재개 여부가 불투명한 상황에서 당장 관직을 얻기 어려웠던 최치원은 막료(幕僚) 행을 선택했다. 이 무렵의 최치원은 경제적으로도 압박감을 느꼈겠지만, 상황이 바뀌기를 무력하게 바라고만 있어야 하는 것이 더 힘들었을 것이다. 기약할 수 없는 박학굉사과의 재개를 무한정 기다리기도, 그렇다고 다시 공권을 지어 올리며 수선 기간을 견뎌 내기도 어려웠을 것이다.

왕권이 흔들리던 말기적 상황에서 당시의 막부는 독립왕국과 같았다. 많은 문사들은 조정에 드는 대신 유력자의 휘하에 드는 것을 선택했고, 유력자의 보호 아래에서 문사로 활약했다. 그의 막부 선택은 자신의 노력으로 자신의 앞날을 개척해 온 최치원다운 선택이었다. 실제로 880년에 취소된 박학굉사과는 897년에야 다시 치러지고, 이후에는 901년에 관련 기록이 한 번 더 있을 뿐 시험 자체가 사라지고 말았으니 최치원의 선택은 시의적절했달까.

최치원이 선택한 유력자는 고변이었다. 당시 고변은 회남절도사였는데, 최치원의 임지였던 율수가 포함된 선주 지역까지 그 영향력을 미치고 있었다. 게다가 그는 당나라 조정의 경제 기반을 맡아 관리하고 있었다. 인맥도 배경도 없이 고군분투하던 외국인 최치원으로서는 자신의 든든한 배경이 되어 줄 사람으로 고변이 적합하다 판단했을 것이다.

그동안 자신의 노력에 의지하여 자신의 앞길을 타개해 왔던 최치원으로서는 고변의 막부에 들기 위해서도 최선을 다했다. 마침 자신의 급제 동기인 고운이 고변의 휘하에 있었다. 그는 고운을 통해 고변에게 줄을 대었다. 고병에게 글을 지어 올린 것이다. 그것은 자신의 문학적 역량을 펼쳐 보이는 것이었다. 문학적 역량이 곧 관료적 능력이던 시대였다. 이부의 발탁을 기다리면서 공권을 지어 올렸던 최치원은 이번에는 고병에게 공권 같은 글을 지어 올렸다. 고병에게 올린 잡편의 문장 다섯 축과 칠언 장구 시 100편은 최치원 나름의 공권이었다. '타국에 와서 10년 동안 고학한 것을 조금은 측은하게 생각하고 곤궁한 처지에서 구제해' 주기를 바라며, 최치원은 고병에게 발탁되고 싶은 자신의 마음을 그 글에 담았다. 자신이 지은 시와 문을 통해 고병에게 스스로를 적극적으로 천거한 것이다. 그는 또다시 자신의 노력과 재능에 자신의 삶을 걸었다.

7.

고병에게 바친 최치원의 글과 시 중에서 자신의 뜻을 펼쳐 쓴 시, 진정시(陳情詩)가 있다. 이때 자신의 뜻이란 물론 고병이 자신을 거두어 주었으면 하는 마음이었다. 진정시는 사실 자천의 시였던 것이다. 현실 타개는 그에게 당장 절박한 문제였다. 이런 그의 뜻은 고병에게 올린 시에 매우 적극적으로 형상화되어 나타난다. '저의 뜻을 펼쳐 태위님께 올리는 시' 정도로 번역되는 〈진정상태위시(陳情上太尉詩)〉는 이런 최치원의 심정을 적극적으로 드러내고 있다.

海內誰憐海外人
해내의 누가 해외인을 가련히 여길까요.
問津何處是通津
나루가 어디인가 물었는데 거기가 여기군요.

本求食祿非求利

본래 식록을 구한 것입니다, 명리가 아니고.

只爲榮親不爲身

단지 어버이를 위한 것입니다, 제가 아니고.

客路離愁江上雨

나그네길 이별의 시름은 강 위의 비 같고

故園歸夢日邊春

고향으로 돌아가는 꿈은 저 하늘가 봄 같아요.

濟川幸遇恩波廣

내를 건너다 다행히 넓은 은혜의 물결 만나니

願濯凡纓十載塵

원컨대, 10년 동안 쌓인 갓끈의 먼지를 씻게 하소서.

이 시의 시적 화자는 나그네이며, 물론 그것은 최치원이다. 세계를 안과 밖의 두 영역으로 가른다면 이 시의 해내(海內)는 중국 땅이고 최치원은 해외 사람이자 밖에서 온 외래자였다. 해내의 사람들은 아무도 가련히 여기지 않는, 그래서 스스로 가련하기 짝이 없는 해외인. 중국인 누구도 가련히 여겨 주지 않는 외국인 최치원. 그는 '안'의 세계에 완전히 동화되기는 어려운 이방인이었다.

최치원은 나루를 찾고 있지만 애석하게도 아직 찾지

못했다. 나그네는 이 시름에 찬 객로를 끝마칠 것을 꿈꾸지만 나루를 찾지 못한 나그네에게 그 꿈은 하늘가 봄 같아 그립고도 아스라하다.

그러던 나그네가 지금 나루를 찾은 것만 같다. 모르긴 몰라도 10년은 족히 찾아다닌 듯하다. 길고도 힘든 시간이었다. 그래서 자신이 찾던 통진(通津)이 여기일지도 모른다는 데에 생각이 미치자 그는 단박에 그간의 조심스러운 설렘을 벗어 버린다. 그러고는 "원컨대, 10년 동안 쌓인 갓끈의 먼지를 씻게 하소서" 하고 자신의 바람을 직설적으로 드러내는 것이다.

그에게 나루는 무엇일까? 나루(津)라는 시어는 빈공과 급제자인 빈공제자(賓貢諸子)의 시에 자주 보인다. 최치원과 마찬가지로 신라를 떠나 당나라 빈공과에 급제한 이들의 시에서도 나루를 찾는 모습이 자주 발견된다. 이들의 시에서 나루는 벼슬길로 나아가는 길이자 입신을 실현할 수 있는 길이었다. 빈공제자의 시에서, 물론 최치원의 시에서도, '나루'는 벼슬길에 들 수 있는 어떤 방법이었던 것이다.

고병에게 올리는 이 시에서 최치원이 찾은 나루, '통진'은 바로 회남절도사 고병을 가리킨다. 최치원으로서는 비로소 자신이 의탁할 수 있는 넓은 은혜의 큰 물결을 만난 셈이다. 그러자 그는 적극적으로 자신의 바람을 진술한다. 갓끈의 먼지를 씻고 싶은 자신의 소망을 거침없이 피력한다. 그러면서 자신의 이런 노력이 자기 자신을 위해서가 아니라 어버이를 위한 것이며, 자신이 구하는 것은 명리가 아니라 생계유지를 위한 벼슬아치의 식록일 뿐이라고 강변한다. 그러니 어버이를 위하고 벼슬아치로서의 식록을 구하는 자신의 나루 찾기는 정당한 것이었다. 같은 맥락에서, 갓끈을 씻고 싶다는 고백도 당당할 수 있었던 것이다. 나루를 찾아다니던 그 괴롭고 힘들었던 긴 시간들이 그에게 이런 적극성을 키워 주었는지도 모른다.

"시가 너무 비굴한 거 아니에요?"

현준이가 대뜸 내게 물었다. 함께 양저우를 여행하기로 한 후 만나서 계획을 세우던 몇몇 날 중의 하루였다. 방학에도 학교에 나가 공부한다는 현준이가 서울 올라오는 때를 기다려 어렵게 시간을 맞춘 날이었다.

대형 서점에는 사람들이 제법 많았다. 우리가 앉아 이야기를 나누던 나무 계단에도 사람들이 여럿 있었다. 몇몇은 앉아 쉬고, 몇몇은 서가에서 뽑아온 책을 들고 앉아 독서에 몰입하고, 몇몇은 휴대전화를 만지작거리고 있었다.

"고병 눈에 들기는 해야 했겠지만 그래도 이렇게 노골적으로 자기를 뽑아 달라고 시에 썼단 말이에요? 좀 그런데요?"

"그 정도로 절박했던 거지."

갑자기 최치원을 변호해야겠다는 생각이 들었다. 최치원에 관한 몇 편의 글을 읽는 동안 차츰 그를 이해하게 되었는지도 몰랐다.

"최치원이 고병에게 보낸 30수의 시에 한해서는 고병을 높이는 것이 시를 짓는 이유 그 자체였어. 언제까지나 말단 관직을 전전하면서 살 수는 없잖아. 임기가 끝나면 다시 수선을 시작해야 하니까 관직을 이어서 계속할 수 있는 것도 아니고. 박학굉사과는 언제 열릴지 알 수 없지, 그렇다고 신라로 귀국할 수도 없지. 당장 경제적으로도 궁핍했을걸?"

임기 동안 받은 급료를 모았다가 그것으로 다시 수선 기간을 살아 내야 했을까? 당나라든 신라든 빈공과에 급제하면서는 나라의 지원이 끊겼을 테고, 다시 관직에 들기까지는 당장 생계를 이어 나가는 것도 문제가 되었을지 모른다. 어쨌든 당나라에서 그는 외국인이었다.

"신라로는 왜 돌아갈 수 없었어요?"

"신라로 돌아간다고 해서 그의 신분이 바뀌지는 않

잖아. 그는 여전히 육두품이지. 물론 신라에서 육두품은 성골과 진골 다음으로 높은 계급이었고, 육두품을 차지하는 것도 쉽지 않아 '득난(得難)'이라고도 불리던 계급이었지만, 17관등 중에서 11등급까지밖에 올라갈 수가 없었어. 한계가 분명한 계급이었지. 그게 싫어서 어린 나이에 당나라로 간 거잖아. 최치원은 당나라에서 더 성공해야 했어. 더 높이 오르고 더 큰 일을 해야 했어."

"그러려면 그 당시 최치원의 상황에서는 일단 고병 눈에 드는 수밖에 없었다는 거죠? 수선 기간을 버티기도 싫고, 박학굉사과는 언제 열릴지 알 수도 없고."

"그렇지. 최치원은 우선 고병의 선택을 받아야 했어. 그 선택을 결정하는 큰 요소가 바로 최치원의 문학적 역량이었지. 시재(詩才)였다고. 맞아. 네 말대로 최치원은 고병을 찬양하는 시를 써서 입신의 길에 들어서려 했지. 그것도 아주 적극적으로. 그게 비굴하게 보일 수도 있지만 어쨌든 최치원은 자신의 재능을 발휘해서 고병의 인정을 받으려 했어. 그가 생각한 문학하는 목표는 영달에 있었던 거야."

아이들 두세 명이 계단을 뛰어오르는 바람에 이야기가 잠시 중단되었다. 뒤이어 엄마인 듯한 여성 둘이 아이들을 불러 데려가고, 계단에는 이제 책 읽는 사람들만 남왔다. 목소리를 더 낮춰야 했다.

"최치원은 자신의 문학적 재능을 발휘해서 유력자의 인정을 받고자 했고 그를 통해 입신 영달하고자 했다, 이런 이야기네요? 요즘이랑은 좀 달랐나 봐요. 순수문학은 아닌 거 아니에요?"

"그 당시는 아직 그런 시대였어. 한문 구사 능력이, 그러니까 문학적 능력이 관료적 능력이던 시대. 목적을 가진 이런 식의 시를 쓰는 데 대해 최치원이 갈등을 겪거나 고민을 하지는 않았을 거야. 열두 살에 당나라로 건너가 온갖 일을 겪으면서도 중도에 포기하거나 하지 않은 것은 자신의 노력과 재능으로 자신의 운명을 개척할 수 있다 믿었기 때문일 테고, 문학은 그 운명의 개척을 돕는 아주 강력한 도구라고 생각했을 테니까. 고병의 인정을 받는 것도 그런 개척해야 할 어떤 일이면서, 문학을 통해 개척할 수 있는 어떤 일로 보지 않았겠어? 최치원으로서는 문학을 통해 영달하고 출세하는 것이 문학하는 목표였으니까 그것 때문에 내적 갈등을 겪거나 하지는 않았을 거야. 오히려 문학을 통해서도 영달할 수 없던 상황이 최치원에게는 고민이 아니었을까?"

현준이는 잠시 말이 없어졌다. 무료해진 나는 휴대전화 속의 일정표에 눈길을 주었다.

"형."

"응?"

"성공을 위해 사는 게 꼭 나쁜 걸까요?"

"응?"

"성공을 위해 사는 게 나쁜 거냐고요. 사람들은 누구나 잘살고 싶어 하잖아요. 지금 우리도 그렇지 않아요? 다들 돈을 많이 벌고 싶어 하고 좋은 집에 살고 싶어 하잖아요. 좋은 직업을 갖고 싶어 하고 좋은 차를 몰고 싶어 하잖아요. 다른 사람들에게 인정받고 싶어 하잖아요."

"그거야 그렇지."

"그런데 그런 바람들을 입 밖으로 내는 순간, 사람이 너무 천박하다고 보는 건 왜죠? 장래 희망이 건물주라는 이야기를 들으면서 한숨을 내쉬는 건 왜죠? 다들 속으로는 나도 건물주가 되면 얼마나 좋을까 생각하면서도."

"글쎄? 너무 노골적인 걸 좀 꺼려서 그런가, 우리들이?"

"문학을 통해 영달하는 게 목표였다는 건, 문학을 잘해서, 이를테면 시도 잘 짓고 문장도 잘 써서 그걸로 성공하는 거잖아요. 문학적 역량이 관료적 능력이던 시대였다면서요. 그럼 관직도 높은 데까지 올라가고 나라에서 인정도 받고. 최치원은 그걸 목표로 삼았다는 거잖아요. 그

게 나쁜 걸까요? 그게 꼭 천박하고 가벼운 목표였을까
요?"

그때쯤 현준이의 목소리가 제법 커졌고, 우리보다 두
세 계단쯤 아래에서 책을 읽던 남자가 책을 덮으며 일어
섰다. 그제야 목소리가 좀 커졌다는 걸 깨달은 현준이가
아차 하는 눈빛으로 나를 바라보았다. 뭐라 대답할지 난
감하던 나는 대답 대신 현준이의 손목을 잡아끌었다. 서
점 뒷길에 있는 칼국숫집에라도 가서 일단 저녁부터 먹어
야겠다고 생각하면서.

8.

율수에는 가지 않기로 했다. 양저우의 최치원 유적이 유적보다는 기념물에 가깝다는 것을 알고 나니 여기에서 멀고 여기보다 작은 율수는 일부러 가 볼 필요가 없겠다는 생각이 들었다. 그곳에도 그저 최치원을 기리는 자리가 있을 뿐이겠구나 싶어서였다.

호텔로 돌아와 안내서를 뒤적이다가 동관지에(東關街)로 나왔다. 동관지에는 관청을 중심으로 발달한 시가를 볼 수 있어 예전 양저우의 모습을 상상해 볼 수 있는 곳이기도 하다. 생각보다 잘 정비되어 있는 버스 시스템을 믿고 이번에도 버스를 탔다. 정류장에 붙은 버스 노선도를 양저우 시내 지도와 맞춰 보며 시내를 다니는 것이 오전보다는 한결 쉬웠다.

초입쯤인가, 동상 하나가 눈에 들어왔다. 서양 남자의 청동 기마상이었다. 다가가 살펴보니 그것은 말을 타고 있는 마르코 폴로의 조각상이었다. 원나라에 체류한 경험을 구술해서 책으로 남긴 《동방견문록》의 저자, 이탈리아 베네치아 출신의 마르코 폴로를 양저우에서 만날 줄이야. 마르코 폴로가 양저우를 다스렸다는 이야기가 있다고 하더니. 쿠빌라이의 총애를 받던 마르코 폴로였으니 가능할 수도 있었겠지만 역사적으로는 정설로 인정받지 못한 이야기라고도 하긴 하더라만.

마르코 폴로의 기마상 뒤에 있는 마르코 폴로 기념관은 폐쇄된 상태였다. 유리에 스프레이로 아무렇게나 휘갈긴 붉은 X자. 출입을 금하는 그 표시였다. 한때는 사람들이 드나들며 마르코 폴로의 삶을 반추하는 곳이었을 텐데. 13세기 말 동방의 원나라까지 다녀간 자신들의 조상을 기리기 위해 이탈리아 사람들이 제법 찾았을지도 모른다. 그러던 기념관이 이제는 폐쇄된 것이다. 아무렇게나 휘갈겨 놓은 붉은 X자로만 남은 것이다. 역사는 현재를 살아가는 사람들의 선택에 따라 일시적으로 부활했다가 효용이 다하면 다시 또 무대 뒤로 사라지는 것인지. 말을 타고 있는 마르코 폴로의 늠름한 모습은 또 얼마나 저기 저렇게 서 있을 수 있을까 싶어 자꾸 뒤를 돌아보았다.

동관지에는 거리 분위기가 인사동과 비슷했지만 그 규모는 인사동과 달랐다. 동관지에는 인사동 거리를 열

개쯤 길이로 이어 놓은 것같이 아주 기나긴 거리였다. 중국 특유의 짙은 회색빛 벽돌로 된 길과, 입구에 붉은 등을 매단 상점들이 마치 기찻길처럼 끝없이 나란히 이어지고 있었다. 상점들 뒤로도 집들이 있었다. 그 집들은 길가에 나서지 못한 또 다른 상점일 때도 있지만 대개는 양저우 사람들이 사는 집이었다.

사람들이 오가는 동관거리를 따라 한참을 걸었다. 딱히 해야 할 일도 없고 그렇다고 바쁠 것도 없어서 길가에 늘어선 상점들을 기웃거리거나 스쳐 지나는 사람들을 힐끔거리거나 하면서 길게 이어진 동관거리를 타박타박 걸었다. 문득 혼자임을 실감한다. 손만 뻗으면 먹을 수 있는 길거리 음식에도, 문만 열고 들어서면 고를 수 있는 이런저런 물품에도, 쉽게 다가갈 마음이 생기질 않는다. 군것질도 쇼핑도 별로 좋아하지 않는 성격 탓이리라 생각하면서도 낯선 말들이 끊임없이 들려오는 차갑고 메마른 겨울 거리에서 한번 들기 시작한 혼자라는 생각은 좀처럼 가라앉지 않았다. 이 여정의 감흥을 우리말로 함께 나눌 누군가가 아쉬웠다. 그게 현준이든 혹은 다른 누구든.

TV에서 본 어느 베이글 가게 사장님의 인터뷰가 생각났다. 롱아일랜드에서 제법 자리를 잡은 베이글 가게를 운영하다가 지금은 귀국해 신촌에 2호점을 냈다는 그분.

귀국해서 어떤 점이 좋으냐는 질문에 그분이 그렇게 말했었다. 편안하다고. 내 말을 알아듣고 바로 그 감정을 이해해 줘서 정말 편안하다고. 생각 속의 미국과 생활 속의 미국은 정말 다르다며 그간 생활을 위해 미국에서 사는 것이 사실은 힘들었다고.

최치원도 그러지 않았을까? 당나라에 있는 내내 그는 문득문득 타향살이의 외로움을 느끼지 않았을까? 신라에서는 육두품 신분이 질곡이 되었겠지만 당나라에서는 외국인 처지가 족쇄가 됨을 때때로 깨닫지 않았을까? 열심히 노력해서 어떻게든 그 족쇄를 벗어 버리려 했으나, 그러기 위해서는 오로지 끊임없이 노력하는 수밖에 없었던 현실이 가끔은 숨차지 않았을까, 최치원은?

마침내 고병은 최치원을 임용하였다. 최치원의 진정시에 담긴 진정의 뜻을 받아들인 것인지 혹은 최치원의 문학적 재능을 높이 산 것인지는 알 수 없지만 드디어 최치원은 고병의 문인이 되었고 회남절도사 고병의 추천으로 다시 직을 얻었다. 관역순관(館驛巡官)이 된 것이다.

이후 고병의 종사관이 된 최치원은 고병을 대신하여 이런저런 많은 글을 지었다. 생계의 부담을 잊고 글을 지으며 지내는 득의기(得意期)의 하루하루는 전과 달리 편안했겠지. 생활의 안정과 함께 정신적 안정도 얻었을 것이다. 그는 고병의 휘하에서 자신의 문학적 역량을 유감없이 발휘했다. 단적으로, 그가 지은 〈토황소격문〉의 문장이 얼마나 대단했는지. 단지 문장 낭독을 듣기만 했는데도 황소가 의자에서 굴러떨어질 정도였다는 전설 같은 후일담도 남겼다. 그 격문 한 장으로 황소의 난이 종식된 것은 아니지만, 이러저러한 최치원의 공을 높이 산 당나라 조정은 최치원이 궁을 자유롭게 드나들 수 있게 해 주었다. 일종의 '프리패스' 표식인 물고기 장식이 붙은 붉은 주머니, 자금어대를 하사하는 것으로 그의 문명에 답한 것이다. 이 무렵의 최치원은 비로소 자신의 계획과 기대에 맞는 삶을 살고 있었을 것이다.

그러나 그럴 때에도 그는 우리말로 자신의 성공을 함께 기뻐할 누군가가 필요하지 않았을까. 어려운 시기에 자신의 고충을 들어 주는 것 못지않게, 드디어 이룬 당에서의 성공을 함께 뿌듯하게 나눌 누군가가 필요하지 않았을까. 능숙한 당나라 말이 아니라 편안한 신라의 말로. 마치 그 베이글 가게 사장님의 경우처럼.

고병 이야기를 다시 들은 건 현준이와 헤어진 며칠 뒤, 문회(文會) 선생님을 만난 자리에서였다. 오랜만에 만났는데도 문회 선생님은 여전하셨다. 곧 베트남에서 학회가 있다면서 발표 준비 때문에 요즘은 베트남 역사도 읽고 베트남 학자 려귀돈(黎貴惇)의 책도 보고 그러신단다. 그러다가 뜻밖에도 고병 이야기를 꺼내셨다.

"고병이라고 당나라 사람인데 알아? 최치원이 그 사람 밑에 있었는데."

"알죠, 고병. 안 그래도 저 요즘 최치원 읽고 있어요. 다음 달에는 양저우도 가는걸요."

"그래? 최치원을 읽어? 이번에는 최치원이야?"

"네. 어쩌다 보니 그렇게 되었어요. 그런데, 고병은 왜요, 선생님?"

"아, 고병. 내가 요즘 읽는 베트남사에 글쎄 고병이 나오지 않겠어? 베트남어로는 가오펜이라는데, 그 고병이 안남절도사를 했다는 거야. 안남이 베트남이잖아."

그렇게 시작된 이야기였다. 당나라 조정에서 안남절도사로 파견한 가오펜은 겨우 2년을 절도사로 일했을 뿐이지만 그때의 공적이 혁혁해서 오늘날도 사람들이 기억하고 있다는 것이었다. 가오펜이 기반을 닦은 당나라 때의 도시는 지금 하노이가 되었다면서.

젊은 고병은 안남절도사로 근무하면서 후대에까지 칭송받을 치적을 쌓았다. 그러나 언어가 다르고 기후가 다른 안남에서의 시절, 고병은 그곳에서 또 하나의 최치원이었을지도 모른다. 당나라 장안을 생각하면서 언젠가는 그곳으로 돌아가리라 생각했겠지. 각자의 처지는 달랐어도 고향을 떠나 먼 곳에서 지냈다는 점에서 그들은 비슷한 마음으로 살지 않았을까. 여행이든 출장이든, 삶의 기반을 잠시 떠난 사람들이 다시 돌아가야 할 곳을 생각하며 종종 그리 하듯이. 고병의 그런 젊은 날의 경험이 어쩌면 최치원의 진정시를 더 잘 이해하게 했는지도 모른다. 고병의 휘하에서 최치원이 더 잘 지내게 된 배경이 되었는지도 모른다.

그러나 최치원이 고병의 막부에 든 지 3년여 만에 고병은 실각한다. 욕심 때문이었다. 고병은 황소군을 토벌하는 과정에서 전공을 독식하기 위해 결과적으로 황소가 세력을 재규합할 여지를 주었고, 조정을 두려움에 떨게 한 후 황소군을 토벌해서 자신의 공을 극대화할 요량으로, 황소를 토벌하라는 다시 내려진 황명을 받고서도 그 명을 거역한 것이다. 고병은 882년 1월 도통에서 물러나면서 실권하게 되었고 그 이후 재기를 노리기보다는 도교에의 침잠을 선택한다. 최치원이 고병의 문하에 들기 위해 지어 올린 30수의 기덕시에는 고병의 도교 취향에 호소하는 시도 있었던 것으로 보아 고병의 도교 취향은 최치원도 익히 알고 있었다. 그러나 고병에게 선택되기 위해 그의 도교 취향을 존중하는 것과, 실각한 고병이 재기하려고 애쓰기보다 오히려 도교에 침잠하는 것을 바라보는 것은 다른 문제였다. 적극성과 노력으로 현실을 개척하며 살아온 최치원이 생각하기에 고병은 다시 일어서기 위해 권토중래해야 했다. 그러나 고병은 그러지 않았다. 실각의 상황을 받아들일 뿐 아니라 도교적 방법으로 오히려 현실에서 벗어나고자 했다. 결정은 오래 걸리지 않았을지도 모른다. 이미 당나라 생활 17년째였다. 고병이 더 이상 이상적 통진(通津)이 될 수 없음을 인식한 최치원은 암중모색 끝에 신라 귀국을 결심한다.

당에 들어와 어렵게 공부해 빈공과에 급제했던 순간의 기쁨, 그러나 곧 직면한 수선 기간 앞에서의 무력감, 율수 현위로 시작한 관료로서의 포부, 다시 박학굉사과를 선택하고 그 준비에 몰두했던 열정, 그러나 시험이 열리지 않는다는 소식을 들었을 때의 당황스러움, 긴 고민, 어렵게 바친 공권과 고병의 선택에 이어진 안도감, 비로소 인정받기 시작한 고병 막부에서의 자부심, 이런 감정들 위로 고병의 실각으로 인한 좌절감이 더해졌을 것이다. 이제 당나라에서 더 할 수 있는 것이 없다고 판단하지 않았을까. 당나라의 말기적 상황은 심화되고 있었다. 어쩌면 그것은 고병의 막부에서 종사관으로 일하던 최치원 눈에 더 잘 보였을 수도 있다. 신라로 돌아가야 했다.

단지 정치적 결정만은 아니었을 것이다. 열두 살에 입당하여 17년을 지내는 사이, 최치원은 결국 성공했으나 한편으로는 지쳤을 것이다. 불안한 현실을 타개하느라 인백기천의 노력을 쏟으며 치열하게 살던 최치원은 문득문득 외로움에도 직면했을 것이다. 스스로의 노력이 아니고서는 문제를 해결할 수 없는 이방인으로서의 현실적 어려움은 최치원의 어깨를 무겁게 짓눌렀겠지. 그 즈음의 그는 이제 그런 부담을 덜고 싶었을지도 모른다. 실각한 고병이 다시 일어설 생각을 하기는커녕 도교에 빠져 저렇게 무력하게 지내고만 있다면 이제 당나라에서 무엇을 더 하기 어렵다, 그렇다면 이제는 돌아가야 하지 않을까, 당에서 이룬 이 정도의 성과라면 신라에서의 삶도 어느 정도 보장되지 않을까, 최치원은 그렇게 생각했을지도 모른다.

최치원은 884년에 김인규(金仁圭)가 입회남사(入淮南使)로 회남에 들어오자 용단을 내렸다. 17년간의 당나라 생활을 청산하고 그해 10월 김인규와 함께 귀국길에 오르기로 한 것이다. 당나라에서의 어려운 상황을 스스로 타개하려 여러 가지로 노력하며 살아왔지만 이제 더 이상 그것이 여의치 않자 최치원은 새로운 길을 선택했다. 인백기천의 공을 다른 데 쏟기로 한 것이다.

고병을 떠나기로 한 최치원의 선택은 옳았다. 아쉬운 마음으로 최치원과 이별하며 언제든 다시 돌아오라 말했던 고병은 최치원이 떠난 지 3년 만에 부하인 필사택에게 죽임을 당했고,《신당서》의 반신(叛臣) 열전에 올라 모반을 꾀한 신하로 역사에 영영 남게 되었다. 고병을 떠나지 않았더라면 최치원은 당나라 땅에서 생을 마감했을지도 모를 일이었다. 그렇게 본다면, 최치원의 귀국 결정은 단지 정치적인 결정만은 아니었으나 또한 정치적인 결정이기도 했다.

9.

　김해에서 혼자 지내는 건 괜찮으냐고요? 괜찮아요.
아, 아니, 참 좋아요. 자유롭달까. 중학교 1학년을 잠시 다
닌 이후로 저는 늘 집에서 부모님과 함께였으니까요. 부
모님은 저를 애달파하셨어요. 어떻게든 하나라도 더 챙겨
주려고 하셨죠. 처음엔 아픈 아들이었으니까, 좀 지나고
는 학교를 그만둔 아들이었으니까. 물론, 그 품은 따뜻하
고 안전했어요. 그 보호 속에서 다시 건강해졌고 어느새
대학생이 되었잖아요. 그래도 가끔은 벗어나고 싶었죠.
어른이 되어야 하지 않을까, 그런 생각을 많이 했어요. '온
실 속의 화초'라는 진부한 표현을 들을 때면 그게 딱 제
이야기 같고 그랬어요.

　그래서 김해에 있는 학교로 온 건 아니에요. 부모님
과 멀리 떨어지고 싶어서 대학을 선택한 건 아니라는 거
죠. 이 학교를 선택한 건 그 누나 때문이었어요. 처음 그

누나를 알게 된 건 TV에서였어요. 다큐멘터리 있잖아요, 평범한 보통의 사람들을 밀착 취재해서 그 사람의 삶을 보여 주는 그런 프로그램 말이에요. 매주 다른 사람의 삶을 보여 주는 그런 건데, 제가 우연히 본 그때 마침 그 누나의 이야기가 나온 거죠. 최연소 변호사라면서. 고작 스물두 살에 변호사가 됐더라고요. 어떻게 스물두 살에 변호사가 될 수 있느냐고요? 검정고시였어요, 그 누나도. 그 누나는 저보다 더 일찍 대학에 입학했더라고요. 홈스쿨링을 하고 검정고시를 봐서 열여섯 살에 대학생이 된 거죠. 눈이 번쩍 뜨였어요. 아, 저렇게도 살 수 있구나.

오랜만이네요, 이렇게 여유롭게 저녁 먹으며 맥주도 한잔 하는 건. 형도 알다시피 제가 이제 겨우 스무 살이라 그동안은 이런 자리가 거의 없었거든요. 대학에 입학하고 신입생 환영회를 갔는데 제가 앉은 테이블에는 술을 놓을 수가 없었어요. 그때 제가 겨우 열여덟 살이었으니까요. 미성년자잖아요. 같이 앉은 사람들에게 미안하더라고요. 교수님들도 신경 쓰시게 만들고. 이후로는 알아서 제가 빠져 줬죠. 저 때문에 과 동기들이 맹숭맹숭 모임을 해야 하는 게 좀 그렇잖아요. 또 모르죠, 시간이 더 흘렀으면 어느새 제 테이블은 서로들 피했을지도. 하여튼, 부모님과 두서너 번 맥줏집에 가 봤을까, 학교 사람들하고는 거의 이럴 일이 없었거든요. 그러고 보니 또 부모님이네. 제가 이렇다니까요. 아직도 어린아이 신세라니까요.

하여튼. 검정고시 출신에게는 생각보다 제약이 많아요. 어딘가가 아파서 학교를 그만뒀든, 집안 형편이 여의치 않아 학교를 그만뒀든, 아니면 부모님의 소신 때문에 학교를 그만뒀든, 하여튼 학교를 중간에 그만둔 후에 더 공부를 하고 싶으면 검정고시를 보지만, 검정고시 출신들이 응시할 수 있는 대입 전형부터가 많지가 않아요. 교사 같은 직업은 아예 진입이 어렵고. 그런데 그 누나는 검정고시를 봤는데도 변호사가, 그것도 최연소 변호사가 되었고 TV에도 나오잖아요. 궁금했죠, 어떻게 그렇게 할 수 있었는지.

형. 리트(LEET) 알아요? 로스쿨 입학시험인데 수능 같은 거예요. 리트를 잘 보고 성적에 맞춰 로스쿨에 진학하거든요. 그 누나는 리트를 잘 봐서 로스쿨에 진학했고 로스쿨을 졸업한 후 변호사 시험을 통과해 정식 변호사가 된 거예요. 겨우 스물두 살에 이 모든 과정을 다 마친 거죠. 정말 대단하지 않아요? 보통 스물두 살이면 대학교 3학년? 남자라면 군대에 있을지도 모르는 나이죠. 그런데 그 누나는 벌써 변호사예요, 변호사.

맞아요. 저도 변호사가 꿈이에요. 지금은 리트를 준

비하면서 공인 영어시험도 보고 있어요. 로스쿨에 들어가려면 리트 성적과 학부 성적, 그리고 영어 성적이 필요하거든요. 어릴 때부터 변호사가 되고 싶었느냐고요? 글쎄요, 그런 질문을 들으니 좀 무안하네요. 사실, 어렸을 때는 꿈이란 게 없었거든요. 막연히 대학에는 가야겠구나, 그랬죠. 그런데 그 누나를 보면서 나도 저런 걸 할 수 있겠다고 생각하게 되었어요. 검정고시 출신이라는 핸디캡 없이 당당하게 살 수 있겠구나. 아니, 오히려 검정고시 출신이니까 남들보다 시간이 더 여유롭구나. 꿀 수 없는 꿈이 아니야. 해보자.

게다가 방송에서 그 누나가 그랬어요. 자기네 대학에는 로스쿨 진학을 도와주는 트랙이 따로 있다고. 뭔가 구체적인 길이 보이는 것 같았어요. 그 대학에 진학해서 열심히 공부하면 로스쿨에 갈 수 있겠구나. 그럼 로스쿨에서 또 열심히 공부해서 변호사 시험을 볼 수 있겠구나. 스물두 살에는 어렵겠지만 스물다섯이나 여섯쯤에는 변호사가 될 수 있지 않을까, 그렇게 생각한 거죠.

제가 지금 하는 리더스 학부가 바로 그거예요. 정치외교학 전공으로 입학했지만 1학년 겨울방학에 리더스 학부에 응시했고 합격했죠. 합격이 쉬운 건 아니었어요. 학점도 좋아야 했고 영어 공인점수도 있어야 했죠. 선발고사로 사고력 시험도 봤어요. 무엇보다, 리더스 학부에 들어오려는 이유가 분명해야 했죠. 면접이 꽤나 까다롭거든요. 어쨌든 합격했어요. 전공이 두 개인 셈이고 과정을 따라가는 게 쉽지는 않지만 그래도 할 만해요. 로스쿨 가는 게 쉬운 일도 아니고, 아무튼 제가 열심히 해야죠. 리더스 학부에서 하는 공부가 좀 재미있기도 하고요. '동서 고전 선독' 같은 과목은 특히 좋아요. 대학에 와도 깊이 있는 독서를 할 기회가 별로 없잖아요.

아, 맞다. 최치원이 당나라로 떠날 때 그 아버지가 한 이야기 있잖아요. 10년 안에 과거에 급제하지 못하면 내 아들이 아니라고 했던 그 말. 저희 아빠도 비슷해요. 남들보다 대학에 일찍 들어갔으니 너는 시간 여유가 더 있는 거지만 그래도 딱 3번까지다. 로스쿨 시험 딱 3번까지만 보고 그래도 안 되면 그때는 아빠 일 같이하는 거다, 그러시더라고요. 뭐, 세 번 안에 합격할 수 있도록 제가 열심히 해야죠.

제가 최치원에 매료된 게 이제 조금은 이해가 가죠, 형? 제게 최치원은 끊임없는 노력으로 성공을 일구어 낸 사람이에요. 노력과 성공의 아이콘. 저도 최치원처럼 살고 싶어요. 최치원처럼 열심히 노력해서 꼭 성공할 거예요. 아니, 성공에 대한 열망을 품는 게 뭐 나쁜 건가요? 그

건 아니잖아요.

그런데, 왜 최치원인지는, 그거 좀 궁금하지 않아요, 형? 노력을 통해 성공한 사람이 한둘이 아닌데 왜 하필 최치원인지 궁금하지 않아요?

처음에는 이대호처럼 되고 싶었어요. 형도 알죠? 그래요, 그 야구 선수 이대호 말이에요. 대학에 입학해서 김해로 왔는데 사람들이 야구 이야기를 정말 많이 하더라고요. 대학 들어오기 전엔 별로 야구를 좋아하지 않았는데, 여기 와서 야구의 재미를 알게 되었죠. 이 지역 연고 팀의 경기가 있는 날 야구장에 갔다가 그 매력에 흠뻑 빠졌다는 게 정확할 거예요. 사람들을 따라 응원하는 동안 생동감을 느끼게 되더라고요. 목청껏 소리 지르고 팔을 휘두르고, 그러다 보면 내가 살아 있구나 하는 느낌도 들고. 제 속에 그런 열정이 있는 줄은 저도 몰랐는데…….

아, 이야기가 옆으로 샜죠. 하여튼 이대호였어요, 처음에는. 어쩌면 그렇게 열심히 사는지. 그리고 어쩌면 그렇게 겸손한지. 다시 돌아오기는 했지만, 이대호가 메이저리그에 진출할 때 이야기 알아요? 돈도 적고 자존심 상하는 조건인데도 오케이 하고 시애틀로 갔잖아요. 일본 리그에서 더 좋은 조건으로 러브콜을 하는데도 마다하고. 빅리그에서 뛰겠다는 그 꿈 때문에 돈도 포기하면서 그런 선택을 한 거잖아요. 안 좋은 조건도 받아들인 거잖아요. 그게 너무 대단해 보였어요. 이미 일본에서도 타격왕이고 최고의 타자였는데, 그런 위치에 있는 사람이 여전히 꿈을 갖고 있다니 정말 멋지지 않아요? 겨울마다 어려운 어르신들에게 직접 연탄을 선물해 드리는 것도 한결같고. 그렇게 멋진 사람이잖아요, 이대호가.

아, 또 옆으로 샜네요, 이야기가. 맥주 한 잔에 이러는 게 아니에요. 그냥 형이랑 같이 있으니 말이 많아지네요, 제가. 왜 이대호가 롤모델이 아니냐는 거, 그거 이야기하려고 했는데. 그래요, 곰곰이 생각해 보니 이대호는 제 롤모델이 될 수가 없더라고요. 이대호가 너무 멋진 사람이긴 한데, 엄청나게 노력해서 성공한 사람이긴 한데, 그 사람도 노력과 성공의 아이콘인 건 맞는데, 그런데 제가 그 사람 인생을 닮을 수는 없더라고요. 그 사람은 체격을 타고났잖아요. 물론 이대호가 엄청나게 노력을 하긴 했지만, 그래도 신체 조건이 워낙 좋으니까, 그 사람 키가 무려 193이거든요, 그래도 타고난 체구에다 운동 신경도 있으니까, 그러니까 거기에 자신의 노력이 더해져서 성공하게 된 거 아닌가 하는 생각이 들더라고요. 저는 이대호로 치면 체격 조건이 별로예요. 아이큐가 그리 높지 않거든요. 두뇌 회전이 빠른 것도 아니고, 집안에 변호사가 있는 것도 아니고, 저는 진짜 아주 밑바닥부터 순전히 제 노력으로 쌓아 올라가야 하거든요. 그렇게 생각하니 이대호는 저에게 딱 맞는 경우가 아니더라고요.

그러다가 우연히, 아주 우연히 강연 하나를 듣게 되었어요. 김해도서관에서 무슨 초청 강연을 했는데 주제가 뭔지도 잘 모르고 그냥 거길 갔어요. 안내문이 붙어 있길래, 열람실에 있다가 머리도 식힐 겸 강연장에 잠깐 간 거죠. 소나기가 내렸던 여름밤이었는데, 소나기 때문에 더위가 가신 채로 저녁이 되어 조금 덜 더운 대신 습도가 아주 높은 그런 날이었는데, 그때 그 강연자가, 이름은 잊어버렸는데 여자였어요. 하여튼 그 강연자가 최치원 이야기를 한참 하더라고요. 그런데 그 강연자 이야기 중에 '인백기천'이라는 말이 귀에 탁 꽂히대요? 원래《중용》에 나오는 말인데 그걸 최치원이 자기 글 어딘가에 썼대요. 당나라에서 지낼 때 남들이 백을 하면 자기는 천을 했다고. 그 정도로 열심히 해서 자기가 당나라에서 성공한 거라고, 귀국한 후에 신라 왕에게 올리는 책에 그 이야기를 했대요. 그 말을 듣는 순간, 아, 이 사람처럼 살아야겠다 싶더라고요. 당나라는 아니지만 어쨌든 저도 김해에 있고, 주변에 아는 사람 하나도 없는 김해에 있고, 제가 기댈 것은 제 노력밖에 없고. 남들보다 일찍 입학했으니 남들보다 삶의 경험도 적고, 나이가 적으니 당연히 남들보다 어릴 거고. 그런 제가 할 수 있는 게 이런 노력뿐이잖아요. 남들이 백을 하면 저는 이백을 하고 삼백을 하고 오백을 하고 천을 해야 겨우 그 사람들과 나란히 가는 거잖아요. 딱 그거더라고요. 그날 생각했죠. 최치원처럼 노력하고 최치원처럼 성공하자, 그날 결심했죠. 기숙사로 돌아가 책상 앞에 써 붙였어요. 휴대전화 첫 화면에도 띄워놓고. 인백기천, 이렇게. 그날 이후로 최치원에게도 관심이 생긴 거죠. 더 알아보고 싶구나, 최치원이라는 사람, 그런 생각이 들더라고요. 알고 보니 열두 살에 혼자 당나라로 유학도 가고. 어린 나이에 인생을 바꿀 만한 큰 결정을 한 것도 저랑 비슷하고. 하여튼 뭔가 동질감 같은 걸 느끼게 되더라고요. 그러면서 페이스북에서 형의 자취들을 눈으로 따라다니게 된 거예요. 경주 상서장, 함양 상림, 정읍 무산서원, 뭐 그런 곳들. 아, 그래요, 무성서원. 하여튼 형이 답사하고 포스팅 하는 걸 기다리게 된 거예요. 형이 왜 최치원의 흔적들을 되짚어 보는지는 모르겠지만 제게는 최치원이 아주 특별했으니까요. 저도 최치원처럼 열심히 노력해서 성공하고 싶어요, 형. 맥주 한 잔에 제가 이러는 게 아니고요, 진짜 저는 잘 살고 싶어요. 형. 성공하고 싶어요, 형.

10.

　동관거리가 끝난 데부터는 다시 시장 골목이었다. 동
관지에가 관광객이 많이 찾는 세련된 거리라면 시장 골목
은 현지인의 생활을 위해 존재하는 진솔한 동네였다. 어
디서는 면을 삶고 튀기느라, 어디서는 만두를 지지느라,
또 어디서는 커다란 팬에 이곳 명물인 양저우 볶음밥 양
저우 차오판을 볶아 대느라, 곳곳에서 치이익- 소리와 함
께 하얀 연기가 피어올랐다. 기름 냄새와 향신료 냄새가
메마른 겨울바람에 뒤섞여 대기 중에 퍼지고 있었다. 몇
몇 상점에서는 음악을 제법 크게 틀어 놓았다. 음악 중에
는 몇 년 전쯤 서울에서 듣던 노래도 있었다. 천년 전 최
치원은 서라벌을 떠나 장안으로 향했지만, 대부분 서울에
서 탄생한 지금의 케이팝은 시간이 좀 걸리기는 해도 베
이징이나 상하이 같은 중국의 대도시를 거쳐 여기 양저우
까지 흘러와 있었다.

결국 최치원은 신라로 돌아갔다. 세계제국 당의 관료로 살다 고국으로 돌아가는 길인 데다 신라에 들어갈 때 최치원은 당나라 사신의 신분이었다. 고병은 고국으로 돌아간다는 젊은 문사를 아쉬워했고 당나라 조정에서는 귀국하는 그에게 벼슬을 내려 주었다. 당에 진출해 당의 관료로 살면서 17년이나 선진 문명권에서 생활했던 최치원. 게다가 당나라 황제의 명을 받은 당의 관인 신분으로서의 귀국. 그것은 금의환향이었다.

그러나 신라로 돌아가는 여정은 멀고 험했다. 10월에 당나라를 떠나 다음 해 봄 서라벌에 들어갈 때까지의 5, 6개월은 수로와 육로에 해로까지 이용하는 험난한 시간이었다. 그나마 귀로의 어려움은 입회남사(入淮南使)로 당에 들어왔다 신라로 돌아가던 김인규와 함께 겪었다. 그러나 마음의 복잡함은 혼자 감당해야 했다. 당의 관료를 지냈고 황제의 명을 받은 사신의 신분이니 서라벌에서도 모든 일이 문제없이 잘 풀릴 거라는 낙관과, 새로운 환경에서 처음부터 다시 시작해야 한다는 불안이 뒤섞인 그런 나날들이 아니었을까?

귀국 길에 쓴 시 〈두견(杜鵑)〉은 이런 최치원의 마음을 잘 보여 준다.

石罅根危葉易乾

돌 틈에 뿌리내려 잎이 쉬이 메마르고

風霜偏覺見摧殘

풍상에 시달려 꺾이고 시들었네.

已饒野菊誇秋艷

가을 자태 자랑하는 들국화는 봐준다 해도

應羨巖松保歲寒

추위에도 꿋꿋한 바위의 솔은 응당 부럽구나.

可惜含芳臨碧海

애석하다, 향기 머금고 바닷가에 서 있건만

誰能移植到朱欄

누가 능히 붉은 난간가에 옮겨다 심어 줄까.

與凡草木還殊品

평범한 초목과는 품격이 다른데

只恐樵夫一例看

지나가던 나무꾼이 같이 볼까 두렵구나.

하필이면 돌 틈에 뿌리를 내린 탓에 잎이 쉬이 마르고 풍상을 겪으며 꺾이고 시든 진달래. 그것은 최치원 자신의 모습이기도 했다. 최치원에게 당나라는 기회의 땅이자 동시에 척박한 배경이었다. 육두품이라는 태생적 한계를 잊을 수 있는 곳, 그러나 외국인이라는 또 다른 한계를 절감해야 했던 곳. 그런 곳에서 오로지 인백기천의 노력으로 그 사회에 뿌리를 내리기 위해 애썼던 자신의 모습에 대한 회고가 두견화에 투사된 것이다. 평범한 초목과는 품격이 다르다는 인식은 그래서 최치원의 자부심이다. 그런 척박한 곳에서 견뎌 내었기에 가질 수 있는 자긍심이다.

그런데 그 진달래가 지금 이식(移植)의 순간에 직면했다. 당을 떠나 신라로 향하는 최치원처럼, 지금은 향기를

머금고 바닷가에 서 있지만 곧 옮겨 심어질 상황에 처해 있는 것이다. 바라건대, 어느 집 붉은 난간가에 옮겨 심어 준다면 참 좋겠지만, 혹시라도 지나가던 나무꾼이 평범한 초목인 줄 알고 파 가면 어쩌나, 그래서 적재적소에 이식되지 못하면 어쩌나 하는 걱정이 시의 후반부이다.

귀국은 최치원에게 새로운 기회였다. 그러나 한편으로는 불확실한 미래의 시작이기도 했다. 자신에게 맞는 자리가 보장될 수 있을지 확신할 수 없었다. 귀국 이후의 삶을 그려 보는 것은 그래서 새로운 삶에 대한 기대와 두려움이 뒤섞이는 일이었다.

헌강왕(재위 875~886)은 귀국한 최치원을 측근인 시독
(侍讀)으로 중용했다. 문한직을 맡겨 왕실이 주관하는 여러
불사의 글도 담당하게 하였다. 그러나 그런 자리들이 최
치원의 기대에는 미치지 못했던 모양이다. 불협의 소리는
기록으로 남아 있지 않지만 최치원은 자신이 받는 처우가
만족스럽지 않았음을 공권 진상과 지방 근무 자원으로 표
현하였다.

실제로 귀국 후 최치원이 맡은 직책은 남을 대신해
문서를 찬술하는 한림(翰林)이나 지방 태수 정도였다. 889
년에 병부의 차관인 시랑을 잠시 맡기는 했으나 890년
이후로는 지금의 정읍인 대산군과 지금의 서산인 부성군
등을 지방관으로 전전하게 된다. 진성왕 때인 894년 시무
십여조(時務十餘條)를 지어 바친 후 아찬에 제수되기도 했
으나, 그마저도 898년에 해임된다. 귀국 후 15년 동안 생
각만큼 큰 성공을 거두지는 못한 것이다.

사실, 최치원의 집안은 경문왕계와 인연이 깊었다.
선덕왕 이전에 곡사(鵠寺)라는 절이 있었는데 경문왕은 즉
위 초인 861년 이 절의 중창을 시작한다. 여기에 최치원
의 아버지 최견일이 참여하게 되면서, 이후 최치원의 집
안은 경문왕계 왕들인 헌강왕, 정강왕, 진성왕 대에까지
왕실과 가까운 관계를 유지한다.

최치원이 귀국한 것은 헌강왕 때인 885년이었다. 왕실과 우호적이던 집안의 빈공제자 최치원이 신라로 돌아왔으니 최치원은 오래지 않아 신라 왕실의 최측근 관료가 될 수 있었어야 했다. 그런데 그렇지 못했다. 국내파인 국학 출신들은 해외파 빈공제자들을 견제했고, 6두품 인재의 부상 앞에서 진골 귀족들은 자기들끼리의 결속을 공고히 했다. 귀국하며 바로 시독을 맡았으나 가슴에 품은 뜻을 펼치기에 시독은 너무 작은 자리였다. 또다시 타개책이 필요했다.

신라로 돌아온 이듬해인 886년, 최치원은 왕에게 책을 엮어 올린다. 고병 휘하에서 쓴 글들을 모아 만든《계원필경집》과 자신이 지은 시문들을 모은《중산복궤집》이 그것이다. 최치원은 공권의 힘을 잘 알고 있었다. 빈공과 급제 후에 한 번, 고병에게 자천할 때 한 번, 최치원은 이미 공권을 올렸던 경험이 있다. 그리고 그 공권은 그때마다 최치원에게 관직으로 돌아왔다.

《계원필경집》은 최치원이 고병의 문인으로 살던 시절의 글들을 모아 엮은 책으로, 현재 전하는 가장 오래된 개인 문집이다. '계원(桂苑)'이란 문장가들이 모인 곳이고 '필경(筆耕)'이란 붓으로 밭을 간다는 뜻이니 '계원필경'은 고병 휘하에 모인 문사들이 문필로서 먹고사는 모습을 연상시키는 제목이다. 실제로 최치원은 고병의 문인으로 살던 4년간 1만여 수 이상의 글을 지었는데 그것을 따로 추려 시문집 20권으로 편찬하였다고 《계원필경집》 서문에서 밝히고 있다. 물론, '가려내 보니 열에 한둘도 쓸 만한 것이 없었다'는 겸사를 덧붙이기는 하지만, 고병 휘하에서 근무하던 시절에 지었던 시문을 따로 모아 책으로 편집하고 그것을 왕에게 진상하는 행위는 자연스럽게 고병의 막부에서 능력을 발휘하던 최치원의 모습을 부각시킨다. 최치원은 당나라에서 벼슬을 했던 자신의 모습을 왕에게 확실하게 각인시켜 자신의 웅지를 펼칠 기회를 얻고자 했던 것이 아닐까. 그런 점에서 최치원이 헌강왕에게 《계원필경집》을 진상한 것은 고병에게 의탁하기 위해 글을 지어 바쳤던 20대 최치원의 재현이었고, 《계원필경집》은 헌강왕에게 올리는 신라판 공권이었다.

　《계원필경집》에서 최치원은 우회적이면서도 은근한 방식으로 헌강왕에게 자신을 돋보이게 하고 있다. 시를 통해 자연스럽게 당나라 인사들과의 교유 관계를 드러내고 있는 것이다. 《계원필경집》에는 고병, 배찬(裵瓚), 양섬(楊贍), 오만(吳巒) 등 당나라 인사들과 주고받은 시들이 여럿 담겨 있다. 그런데 이들의 시편에는 뚜렷한 시적 내용이 없다. 별 내용이 없는 시들을 여기에 실은 이유는 무엇일까? 최치원은 시의 내용보다는 《계원필경집》에 수록한 시들을 통해 자신의 교유 범위와 문학적 재능을 드러내고 싶었는지 모른다. 이미 빈공과에 급제하고 고병 휘하에서 중책을 역임한 뒤 당나라 사신의 자격으로 귀국한 최치원이었지만, 헌강왕에게 좀 더 확실하게 자신을 각인시키는 것이 필요하기도 했다. 최치원은 당나라 인사들과의 실제 교유 관계를 드러내는 여러 편의 시들을 왕에게 올려 자신과 당 문사들과의 유대 관계를 과시하고 있는 것이다.

그렇다면 최치원은 개인적이고 서정적인 시문은 짓지 않았을까? 혹, 《중산복궤집(中山覆簣集)》이 그런 문집이 아니었을까? 지금은 전하지 않지만 《중산복궤집》에 혹시 그런 서정적이고 개인적인 시문들이 담겨 있지는 않았을까? 보다 공식적인 글은 《계원필경집》에, 그에 비해 개인적인 글은 《중산복궤집》에 나눠 실었을 가능성도 있다. 공권의 목표를 생각하여 책의 성격에 맞추다 보니 시를 선별하는 과정에서 감정이 드러난 시는 제외시킨 것으로 볼 수도 있겠다.

실제로 최치원과 오만이 관련된 시를 보면 충분히 그럴 수 있을 것 같다. 최치원은 《계원필경집》에 오만에게 보낸 시 〈오만 수재와 이별하며 부치는 짧은 시(수오만수재석별이절구, 酬吳巒秀才惜別二絶句)〉를 싣고 있는데 이 시는 관

99

습화된 시어를 사용한 건조한 시이다. 그런데《동문선》에 전하는 그의 다른 시 〈강남으로 돌아가는 진사 오만을 보내며(송오진사만귀강남, 送吳進士巒歸江南)〉에서는 오만과 이별하는 시적 상황이 같은데도 앞의 시에 비해 이별에 대한 슬픔이 더욱 직접적이고 강하게 드러난다. 지금은 전하지 않는《중산복궤집》의 성격이 무엇이었느냐에 따라 이 문제는 그 의미가 크게 달라질 수 있지만 책이 전하지 않아 추정에 그칠 뿐이어서 아쉽다.

11.

공권이라는 게 그렇게 힘이 있어요? 글재주 좋은 게 성공의 관건이라니, 저는 잘 이해가 안 돼요. 저번에 서점에서도 형에게 그걸 묻고 싶었어요. 행정 능력이나 외교 능력도 아니고 글을 잘 짓는 게 관료로서 갖추어야 할 능력이라고요? 정말요?

현준이가 고개를 갸웃거렸다, 여행을 이틀 앞둔 날. 그날은 고종사촌 형의 결혼식이 있던 날이었다. 결혼식이 끝난 후 서울로 대전으로 전주로 흩어질 집안 어른들이 기차 시간에 맞춰 부산역으로 떠나는 것을 보고 나서 해운대로 나가 현준이를 만났다. 현준이와 미리 만날 필요는 없었다. 원래 계획대로라면, 결혼식이 끝나고 부산 고모댁에서 이틀을 지낸 후 현준이를 만나 함께 김해공항에서 상하이 가는 비행기를 탔어야 했다. 결혼식을 고려해서 여행 날짜도 출발 장소도 일부러 그렇게 잡은 거였다.

해운대였다. 해운대의 겨울 바다였다. 다산에 몰두했을 무렵, 정호 형을 따라 해운대의 여름 바다를 같이 걸은 적이 있지만 겨울 바다는 처음이었다. 바닷바람이 차갑기는 했으나 서울 도심의 거친 겨울바람에 댈 것은 아니었다. 해운대의 겨울바람은 차가우면서 부드러웠다. 짭조름한 냄새가 나면서도 달콤한 향을 풍겼다. 바다에 내려앉은 오후의 겨울 햇빛은 눈부셨고, 사람들은 옷깃을 세운 대신 두꺼운 외투 안으로는 단추 한두 개쯤을 열어 두었을 것 같은 표정으로 해변을 걷고 있었다. 겨울 해운대는 따뜻했다.

해변을 눈에 담아 두고 우리는 동백섬으로 들어갔다. 섬의 정상에는 최치원 유적지가 있다. 양저우 여행을 이틀 앞두고 있어서인지 발길이 자연스레 동백섬으로 향했다.

섬을 한 바퀴 도는 산책로는 우레탄을 깔아 푹신했다. 최근 들어 중국 여행객들이 많이 찾는다더니 곳곳에서 중국말이 들려왔다.

"여기가 누리마루예요. APEC이 열렸던 곳이죠. 아시아 태평양 경제 협력체라던가? 형, 여기 들어가 봤어요?"

"응, 저번에 왔을 때 들어가 봤어. 여기가 부산의 랜드마크 중 하나라며. 너는?"

"저도 저번에요. 김해가 부산 옆 동네라고는 해도 해운대까지는 거리가 좀 돼요. 일부러 오려면 좀 멀죠. 그런데 작년 봄에 송정으로 과 MT를 왔다가, 그거 마치고 누나, 형들과 여기 들렀어요."

"MT를 송정까지?"

"아, 형은 잘 모르겠구나. 이쪽 지역에서는 송정이 MT 명소예요. 민박집도 많고, 해운대보다 조용하고. 저희 과도 김해 천문대 근처나 양산의 배냇골 정도로 MT를 많이 가는데, 작년에는 부산 송정까지 간 거죠. MT 끝나고 여기 동백섬 밑에 음식점 가자고 다들 그래서. 아까 올라오면서 봤죠? 요트 매어져 있던 거기. 거기가 해운대 핫플레이스거든요."

"응. 오늘 결혼한 그 사촌형이랑 저번에 가 봤어. 테라스에 앉아 맥주 마시면서 마린시티 야경 조망하는 게 필수 코스라길래. 사람들 정말 많던데? 그런데 그런 자리에 어떻게 음식점 허가가 났나 몰라."

"그러게요. 애초에는 요트 계류장처럼 사용한다 했다는데……. 형, 여기 이정표가 있네요. 이리로 올라가면 되겠어요."

현준이는 전망대 맞은편 언덕 입구를 가리켰다. 최치원 유적지를 알리는 이정표였다. 이정표에는 0.13km라고

표기되어 있었는데, 길은 급경사의 비탈이었다. 비탈에 들어서자 오른편으로 정자 모양의 쉼터가 보였다. 몇몇 사람들이 정자에 앉아 바다를 내려다보고 있었다. 그들의 시선을 따라가 보니, 등대 전망대에서 광안대교 쪽을 등지고 누리마루를 배경으로 사진 찍는 사람, 망원경에 눈을 대고 대마도를 찾아보는 사람, 등대 아래에 붙은 설명 패널을 읽어 보는 사람들과 함께, 활기차게 동백섬 일주 산책로를 걷는 사람들이 제법 있었다.

동백섬 정상에 오르자 안쪽으로 최치원 동상이 눈에 들어왔다. 개잎갈나무가 둘러싸고 있는 아늑한 작은 원형 광장이었다. 그 안쪽에 최치원의 청동 좌상이 놓여 있었다. 최치원은 둥근 광장 안쪽 거기에 앉아 바다를 내려다보고 있었다. 우거진 나무들 때문에 실제로는 바다가 보이지 않겠지만, 그래도 어쩐지 최치원이 앉아 있는 저 자리에서라면 해운대 바다가 다 보일지도 모른다는 생각이 드는 그런 곳이었다.

그때쯤이었다, 현준이가 공권에 대해 물은 것은. 글재주가 성공 요건이라는 게 말이 되냐고, 개잎갈나무 몸통의 두꺼운 나무껍질을 손가락으로 하나씩 매만지면서, 어이가 없다는 듯 눈을 동그랗게 하고서, 그때쯤 현준이가 나에게 물었다.

그렇지. 지금 생각해서는 이해가 잘 안 가지. 정치적 감각이나 행정 능력이라면 또 모를까, 한문 구사 능력이 그렇게 중요하다니. 성공하려면 한문을 잘했어야 한다니. 그게 이해가 안 되는 거지?

그건 중세 사회의 성격 때문에 그럴 거야. 동양이든 서양이든, 중세라는 건 세계 종교와 공동 문어(文語), 이 두 개의 큰 기둥 위에 서 있는 거잖아. 동양의 경우에는 불교라는 세계 종교와 한문이라는 공동의 문어가 존재했고. 중세의 질서를 확립하는 데 바로 이 공동 문어인 한문이 중요한 역할을 했어.

중세는 이중 주권의 시대잖아. 문명권 전체의 주권이 있고, 각 나라의 주권이 있고, 그러면서 그 둘이 병존하던 시대. 이런 이중 주권이 충돌 없이 잘 유지되는 것이 중세의 질서였지. 그걸 확고히 하는 데에는 공동의 문어가 필수적이었고.

일단 외교 문서를 잘 쓰는 게 중요했어. 동양 문명권에서는 문명권 전체의 주권인 천자와, 각 나라의 주권인 왕 사이의 외교 문서를 한문으로 작성했지. 공동의 문어를 사용하는 공동 문명권으로서의 동질감을 외교 문서를 통해 확인하는 거지. 뭐, 문서를 기술하는 데서 나타나는 작은 차이로 각 나라의 우열을 가리기는 했겠지만. 그러니 한문의 역할이라는 게, 또 한문 구사 능력이라는 게 지금 우리가 생각하는 것보다 훨씬 중요했던 거야.

중국과의 관계에서만 그랬던 건 아니야. 고구려, 백제, 신라, 삼국 간의 관계에서도 한문으로 된 국서가 중요했지. 외교 문제가 있으면 그것을 격조 높은 한문 문서로 써 보내는 거야. 그 문서를 통해 실질적 용건을 밝히는 동시에 자국의 문화적 역량을 과시하는 거지.

물론, 내정을 위해서도 한문이 필요했어. 임금의 명을 반포할 때나 신하가 임금에게 의견을 올릴 때 모두 격식을 갖춘 한문 문장을 사용했지. 한문 구사 능력이 권위와 격조를 부여하는 시대였던 거야.

너도 알다시피 부여나 마한, 가야 같은 나라들은 고대 국가에서 멈추고 만 데 비해 고구려, 백제, 신라는 중세 사회에 진입했잖아. 이 나라들의 공통점이 뭔지 알아? 맞아. 불교 수용, 율령 반포, 한문 사용, 이 세 가지는 중세 사회 진입의 지표였어.

그래, 시대가 바뀐 거지. 부여나 마한, 가야 같은 고대 국가를 건설한 군사 귀족으로서는 더 이상 사회를 이끌어 갈 수가 없었어. 새로운 시대에 맞는 새로운 이념을 제시하고 기준을 설정해야 했지. 중세화에 성공한 세 나라는 그걸 한 거야. 시차는 좀 있었지만, 불교라는 세계 종교를 수용하고, 통치의 지표를 알리는 율령을 반포하고, 공동 문어인 한문을 사용하고. 비로소 중세 보편주의에 편입되게 된 거야.

중세 보편주의의 핵심은 한문이었으니까 각 나라 조정에서 한문 구사 능력은 아주 중요했지. 신라에서는 그걸 주로 육두품이 맡았는데 부도(夫道)라는 사람을 육두품 지식인의 유래라 할 수 있어. 첨해왕 5년인 251년에 공(工)과 서(書)와 산(算)에 능한 부도에게 아찬 자리를 맡겨서 물품을 보관하는 창고 일을 보게 했다, 이런 기록이 있대. 공이라는 건 기술일 거고, 산은 계산 능력이겠지. 서는 한문 능력일 거고. 골품제가 있던 신라에서 아찬은 성골이나 진골이 아닌 사람이 오를 수 있는 최고의 관등인데 거기에 오른 부도의 실무 능력에 한문이 들어가잖아.

이건 251년의 일이니까 공, 서, 산이라는 실무 능력을 아울러 이야기했지만, 시간이 흐르면서 실무 능력이 지칭하는 바가 조금 달라졌을 수 있어. 신라의 경우에는 법흥왕 때인 520년 율령 반포, 527년 이차돈의 순교로 불교 공인, 이렇게 전개되잖아. 이런 중세의 지표가 공인될 때쯤엔 한문 구사 능력의 중요성도 첨해왕 때보다 훨씬 더 강조되었을 거고. 한문에 능하고 유학을 익힌 전문가들이 차츰 부상했겠지.

지금 생각해 봐도, 한문 구사 능력을 갖추는 게 쉬운 일은 아니었을 거야. 무술을 연마하는 정도의, 아니 어쩌면 그보다 더한 노력이 필요했을지 몰라. 육두품들은 그렇게 오랜 시간을 들여 힘들게 익힌 한문 구사력을 바탕으로 고급 문학을 담당하면서 통치 체제의 한 부분을 맡게 되었겠지. 비록 이들의 위상이 나라에서 시키는 일을 맡아 처리하는 기능인에 머물렀다고는 해도.

그러나 신라는 역시 골품제라는 게 있었기 때문에 이런 육두품이라도 아찬까지밖에는 오를 수 없었어. '득난'이라고 육두품이 되는 것도 어려웠지만 아찬이 되는 것은 거기서도 또 힘든 일이었겠지. 그러니까 육두품으로서 아찬에 오르는 자체가 자부심 넘치는 일이었을지도 몰라. 단, 그냥 스스로를 기능인으로 인식할 때는.

그러나 이후에 시간이 흐르면서는 좀 달라지지 않았을까? 유학(儒學)을 익히고 선진 문명을 접하면서 생각이 많아졌을 거야. 육두품 출신의 도당 유학생이 많아졌다는 게 그걸 보여 주는 거 아닐까? 골품제가 아닌 과거로 인재를 뽑는 당나라의 관료 선발 제도에 매력을 느끼고 당나라행을 선택했다는 거지. 그저 성골과 진골에게 봉사하는 기능인으로만 머물지는 않겠다는 거야. 한계가 처음부터 명확한 골품제를 인정하고 싶지 않아졌을 수도 있고.

하여튼. 중세에는 한문 구사력이 중요했어, 성공을 좌우할 만큼. 현대를 사는 우리가 상상하는 것 이상으로.

2

원리진세

遠離塵世

12.

아니에요, 저녁은 나가서 먹을 거예요. 어제 만났다던 현준이란 친구 있잖아요? 그 친구가 저녁에 또 좀 보자고 하네요. 그래서 곧 나가야 해요.

그나저나, 고모가 최치원을 말씀하셔서 깜짝 놀랐어요. 양저우 간다니까 바로 최치원 이야기를 꺼내시네요? 고모가 해운대 사신다는 걸 잠깐 잊었어요. 산책 삼아 해운대 해수욕장에 자주 가시고, 운동 삼아 동백섬도 가끔 한 바퀴씩 도신다는 걸 형에게 들었는데도. 해수욕장 지나가며 최치원 축제를 보셨을 줄은 진짜 몰랐어요. 불꽃축제며 영화제며 국제 무용제며, 해운대의 그 많은 축제 중에 살짝 끼어 있는 최치원 축제를 고모가 직접 보셨다니. 맞아요, 그 최치원의 흔적을 따라 제가 이틀 뒤에 양저우로 출발하는 거예요.

지금 전하는 최치원 이야기가 얼마나 신빙성이 있느

냐고 물으셨죠? 최치원의 행적은 고려시대 김부식이 편찬한 《삼국사기》의 열전편 〈최치원전〉의 기록을 중심으로 이야기해요. 거기에다가, 최치원이 직접 쓴 《계원필경집》의 내용, 조선시대 서거정 등이 편찬한 《동문선》의 기록, 최치원이 남긴 비명(碑銘) 등을 보충해서 최치원에 대한 역사적 사실을 구성하는 거죠. 메인 소스는 물론 《삼국사기》고요.

《삼국사기》의 내용요? 거기서 최치원을 어떻게 적고 있는지가 궁금하신 거죠? 최치원이 경주 사량부 사람이라는 거, 집안에 대해서 자세히 알 수 없다는 거, 어릴 때부터 공부하기를 좋아했다는 거, 또, 당나라 유학을 떠날 때 10년 안에 급제하지 않으면 내 아들이 아닌 걸로 여길 테니 가서 열심히 공부하라고 아버지가 했다는 거, 뭐 이런 내용들이에요. 당나라에서는 열심히 공부해서 과거에 합격하고 나중에 율수 현위가 되었다는 거, 황소가 반란을 일으켰을 때 그 진압군인 고병의 서리로 복무했다는 내용, 스물여덟 살에 당나라 사신 자격으로 신라로 돌아왔다는 것도 기록하고 있어요. 그런데 막상 신라에서는 의심도 많고 시기도 많아서 힘들었다는 거, 지방 군수로 나가기도 하고 당나라 사절격인 하정사에 임명되기도 했지만 기대만큼 일이 잘 풀리지는 않아서, 《삼국사기》에서

는 이걸 불우했다고 적고 있는데요, 하여튼 나중에는 가
야산 해인사에 들어가 조용히 살다가 늙어 죽었다고 한다
는 것, 뭐 이런 내용들이 있어요.

아,《삼국사기》〈최치원전〉말미에는 고려 태조에게
최치원이 보냈다는 글귀도 나와요. 계림은 누런 잎이고
곡령은 푸른 소나무다, 이런 구절이죠. 신라를 의미하는
계림이 누런 잎이니 이건 곧 신라가 멸망할 거라는 뜻이
고, 고려를 의미하는 곡령은 푸른 잎이니 이제부터는 고
려에 운이 들어와서 푸르게 창창할 것이다, 최치원이 뭐
이런 전망을 했다는 거죠. 이 덕분에 고려 현종 때에는 내
사령에 추증되고, 문창후라는 시호도 받게 되지요.

최치원이 정말 그런 글귀를 왕건에게 써 보냈느냐고
요? 글쎄, 그건 잘 모르겠어요. 그렇지만 이건 후세인들의
의중이 많이 들어간 이야기가 아닐까 싶기는 해요. 최치
원의 명성을 이용해서 고려 건국의 정당성을 다시 한 번
설명했달까요. 김부식이《삼국사기》의 편찬을 마친 게 고
려시대인 1145년의 일이니까 최치원 사후에 거의 200년
정도 시차도 있고요. 김부식 자체도 신라 왕실의 후손이
면서 고려의 문벌 귀족이 된 집안 사람이었으니 어떤 정
당성 부여가 필요하긴 했을 거예요. 시대가 고려로 기울
고 있었다, 뭐 이런.

아, 고모. 최치원을 주인공으로 한 〈최고운전〉이라는 고전소설도 있어요. 《삼국사기》 내용과 비교해 보면, 당나라 과거에 급제했다는 것과 〈토황소격문〉을 썼다는 것, 문명을 떨쳤다는 것만 같고, 나머지는 상상에 기반해 거의 새로 지은 이야기죠.

〈최고운전〉에는 최치원의 아버지가 최충이란 이름으로 나와요. 최충은 자질은 뛰어난데 늘그막에야 과거에 급제해서 문창현의 수령으로 임명되죠. 최치원이 고려 때 문창후에 봉해졌다고 했잖아요? 여기서는 임지의 이름이 문창이에요. 문창현 수령에 임명된 최충은 자신의 부임지가 전임 수령들이 모두 귀신에게 아내를 빼앗긴 곳이라는 것을 알고 시름에 잠기지만 그럴 줄 알면서도 문창현으로 가요. 물론 아내가 찬성하기는 했죠.

부임한 지 얼마 지나지 않아 정말로 최충의 아내는 납치되고, 미리 아내의 손목에 묶어 둔 붉은 실을 따라 최충이 가 보니 거기는 금돼지가 사는 곳이었어요. 그러나 납치된 최충의 아내는 지략을 발휘해 금돼지를 죽이고 거기서 빠져나오죠. 갇혀 있던 전임 수령들의 아내들까지 모두 함께요.

얼마 지나지 않아 최충의 아내는 아이를 낳아요. 금돼지에게 잡혀갈 때 최충의 아내는 이미 아이를 잉태한 상태였는데 그 사실을 몰랐던 최충은 아이가 금돼지의 아이라며 내다 버리라고 하죠. 아이는 큰길가에 버려졌는데 말과 소가 밟지 않으려 피하고 하늘에서 천녀가 내려와 젖을 먹이고 하는, 뭐 그런 신기한 일들이 벌어져요. 이런 대목은 주몽 이야기하고도 상당히 비슷한데. 곤란해진 최충은 아이를 깊은 연못에 버리라고 하죠. 그러자 이번에는 연꽃이 아이를 받치는가 하면 흰 학이 아이를 지켜요. 연꽃이 아이를 받치는 건 꼭 〈심청전〉의 한 대목 같지 않아요, 고모?

어쨌든 아내의 간청도 있고, 무엇보다 아이가 비범하다는 것을 알게 되어 최충은 아이를 데려오라고 해요. 그런데 아이가 딱 거절해요. 나를 버린 아버지를 뵈러 가지는 않겠다, 이러는 거죠. 결국 최충이 직접 가서 아이와 이야기를 나눈 후 부자간에 화해를 하고, 그 자리에 대를 쌓고 누각을 세워줘요. 그게 월영대와 망경루라는데, 그때 아이는 세 살이었대요. 그 후로 그 누각으로 하늘에서 선비들이 내려와 아이에게 글을 가르치고 아이는 마침내 문리가 트이고 그런데요.

아, 고모. 창원의 마산 합포구에 가면 월영대라는 데가 있거든요? 맞아요. 통합 창원시 출범 전의 마산이죠. 제가 얼마 전에 거기 월영대를 찾아가봤어요. 최치원 유적지라길래. 그런데 너무 황당한 거예요. 도로변에 그냥 정사각형 옛날 건물이 한 동, 건물이라기도 좀 그렇고 약간 큰 비각이랄까, 그런 게 달랑 있는 거예요. 그 자리에 대를 쌓았다는 건 거기서 경치도 감상하고 그랬다는 거잖아요? 그런데 그냥 찻길에 그게 있으니 얼마나 당황스럽던지. 알고 보니, 최치원 살던 천년 전에는 거기가 바닷가였대요. 그래서 최치원이 거기서 바다를 조망하고 그랬다는 거죠. 그런데 천년 동안 그 주변이 조금씩 매립이 되면서 지금은 거기가 육지가 된 거래요. 최치원 유적이라니 시에서 관리는 하는데 좀 그렇더라고요.

자, 다시 이야기로 돌아가서, 이 무렵에 중국 황제의 귀에 어디선가 글 읽는 소리가 들려와요. 알고 보니 멀리 신라에서 들리는 소리네? 중국 황제는 학사 두 사람을 보내서 사정을 알아보게 하는데 가서 보니 겨우 열한 살 된 아이가 그 글 읽는 소리의 주인공이잖아요? 물론 그 아이는 최치원이고요. 아이는 중국에서 온 학사들 앞에서도 위축되거나 당황하거나 하지 않고 탁월한 문재를 보이죠. 학사들은 놀라서 당나라로 돌아가고요.

이제 아이는 서라벌로 가요. 거기서 거울 닦아 주는 사람인 체하고 승상 나업의 집 앞에서 얼쩡거려요. 옛날엔 구리 같은 것을 잘 닦아서 거기에 얼굴을 비쳐보고 그랬잖아요. 그러니 거울 닦아 주는 직업도 따로 있었나 보죠? 어쨌든 이 아이가 승상집 딸의 거울을 닦게 되는데 일부러 거울을 돌 위에 떨어뜨려 거울을 깨뜨리지요. 그러고는 거울 값 대신 승상댁에서 일을 하겠다며 노비가 되기로 자청해요. 사람들은 거울을 깨뜨린 노비라며 아이를 파경노(破鏡奴)라고 부르죠. 파경노는 승상댁에서 말도 먹이고 꽃도 키우고 그러면서 지내요. 중간에 승상의 딸인 나소저와 시를 화답하는 장면도 있고요. 그렇죠, 연애담이죠, 이 부분은.

이 무렵 중국에서 어려운 문제가 내려와요. 중국이 신라의 지혜를 시험하기로 하고 일부러 아주 어려운 문제를 보낸 거예요. 잘 봉한 돌상자 안에 뭐가 들었는지 상자를 열지 않고 맞혀 보라며 돌상자를 보낸 거죠. 승상은 어려움에 빠지고, 파경노 최치원은 자기가 그 문제를 해결할 테니 그전에 나소저와 혼인하게 해 달라 하죠. 나소저도 그렇게 하자고 하고, 고민 끝에 승상은 둘을 결혼시켰죠. 혼례를 마친 최치원은 그 상자 속에 든 것이 계란과 병아리라는 것을 맞혀요. 중국에서는 계란만 보냈는데 시간이 흐르면서 계란이 부화해서 거기서 병아리가 태어난 것까지 맞힌 거예요. 중국에서는 이런 현자를 신라에 둘 수 없다며 답 맞힌 이를 중국으로 불러들이고, 열두 살인 최치원은 중국으로 가게 되지요. 맞아요, 고모. 실제로도 최치원은 열두 살에 당나라 유학을 떠나요. 이 대목은 역사적 기록을 살려 쓴 거죠.

중국으로 가는 길도 쉽지는 않아요. 중간에 용왕에게 불려가 그 아들에게 글을 가르치기도 하고, 가뭄에 시달리는 섬에 비를 내리게 했다가 하늘로부터 벌을 받을 뻔하기도 하죠. 그러나 이런 이야기들은 모두 최치원의 신이함을 드러내는 장치들이에요. 얼마나 글을 잘 썼으면 용왕이 자기 아들의 공부를 부탁하겠어요? 우이도라는 그 섬도 그래요. 그 섬이 심한 가뭄을 겪은 것은 윤리적으로 바르지 않은 섬사람들에 대해 하늘이 벌을 준 거였다, 그런데 최치원 일행이 하늘의 일을 훼방한 거 아니냐, 그러나 최치원이 한 일이라면 더 묻지 않겠다, 뭐 이렇게 전개되거든요.

아, 참, 우이도. 다산 정약용의 형 정약전이 흑산도로 유배 갔을 때, 그때 머문 섬이 우이도였어요. 우이도가 흑산도 초입의 섬이거든요. 거기랑 이름이 같아요. 묘하죠?

우여곡절 끝에 중국 절강에 이르지만 거기서 황제를 만나러 가는 길도 험난해요. 황제가 여러 가지 테스트를 준비해 뒀거든요. 그러나 여러 사람의 도움으로 황제의 시험도 잘 통과하고, 과거를 봐서 장원으로 급제하고, 황소의 항복을 받아 내면서 황제에게 인정을 받게 되죠. 아, 중국 신하들의 질투로 귀양을 가는 일도 있긴 있어요.

나중에 중국에서 문명을 날리던 최치원은 신라로 돌아와요. 그런데 신라에 온 최치원이 실수로 국왕 앞에서 수레를 타고 지나가게 되고, 왕은 최치원이 죽을죄를 지었지만 살려는 줄 테니 다시는 눈앞에 나타나지 말라고 하죠. 최치원은 세상이 변덕이 심하다 생각하고는 아내를 데리고 가야산으로 들어가요. 세월이 흐른 후에 어떤 나무꾼이 바둑 두는 최치원을 우연히 목격했는데 정신을 차리고 집으로 돌아오니 그 짧은 순간에 3년여의 세월이 흘렀더라, 뭐 이런 게 마지막 장면이고요.

신라로 돌아와서 왕에게 밀려나는 대목은 좀 시시하다고요? 그렇게 비범한 최치원이 왕 앞에서 수레를 타고 지나가는 실수를 한 건 납득이 안 간다고요? 겨우 그런 일로 왕이 눈앞에 나타나지 말라고 한 것도요? 그렇죠. 실수로 왕에게 무례하게 하는 바람에 왕과 사이가 틀어지고 결국은 은거하게 되었다는 결말이 좀 덜 논리적이긴 하죠. 그래서 어떤 학자들은 이 부분은 후대에 다시 좀 고쳐진 게 아니겠느냐 그렇게 보기도 한대요.

〈최고운전〉과 《삼국사기》 〈최치원전〉의 내용을 비교해서 들어 보시니 어때요, 고모? 그렇죠, 아버지 부분이 많이 다르죠.《삼국사기》에서는 아버지가 당나라 유학을 보내고 어떻게든 아들을 출세시키려고 하는 데 비해, 〈최고운전〉에서의 아버지는 최치원을 버리잖아요. 아버지에게 버림받은 아이가 하늘의 도움으로 공부를 하게 되고요.

저는 〈최고운전〉에 등장하는 여성들에게도 눈길이 갔어요.《삼국사기》에서는 여성의 존재가 하나도 언급되지 않는 데 비해, 〈최고운전〉에서는 여성들의 존재감이 뚜렷하죠. 전임 수령의 아내들이 잡혀가는 걸 알면서도 남편의 앞날을 위해 부임지로 떠나자고 결심한 사람도 최충의 아내이고, 지략을 발휘해 금돼지를 죽이고 거기서 탈출한 것도 최충의 아내잖아요. 중국에서 보낸 돌상자의 문제를 해결하는 과정에서도 나승상보다는 나소저가 더 적극적인 모습으로 설정되어 있고. 저는 그런 게 재미있더라고요.

그렇지만 역시 가장 큰 차이는 하나가 실제의 기록일 가능성이 아주 높은 데 비해, 다른 하나는 지어낸 이야기라는 거죠. 그러니까 하나는 실제로 통일신라 하대를 살아간 최치원의 이야기라면, 다른 하나는 실제 인물 최치원을 모티프로 하고 거기에 여러 가지 설화 전승의 맥락을 넣고 상상력을 발휘하여 창조해 낸 이야기라는 거죠.

최치원에 대한 이야기, 더 없냐고요? 한 가지 더 있

는데, 〈쌍녀분기〉라고. 그건 다음에 또 말씀드릴게요. 이제 나가야 하거든요. 네, 지금요. 현준이랑 만나기로 했다니까요. 그러게요. 어차피 내일이면 같이 중국으로 가는데 왜 굳이 오늘 또 보자는지 모르겠네요. 만나 봐야죠. 아, 내일 몇 시 비행기냐고요? 신경 쓰지 마세요. 제가 새벽에 일어나 나갈 테니 고모는 그냥 푹 주무세요. 오늘도 좀 늦게 돌아올 수 있으니 먼저 주무시고요. 그럼, 다녀올게요, 고모.

13.

　하루라도 빨리 돌아가고 싶었어요, 아버지. 거기서, 저 많이 외로웠거든요. 그런데 이제야 돌아가네요. 아버지가 계시지 않은 그곳으로 이제야 돌아가네요.

　그분이 권력을 잃고 하루하루 쇠하여 가는 모습을 곁에서 바라보기 힘들었어요. 그분이 향을 사르고 환약을 씹으며 도가의 세계로 점점 깊이 들어가는 모습을 곁에서 지키기 힘들었어요. 그러나 그렇다 해도, 아버지가 계셨더라면 저는 신라로 돌아갈 마음을 먹지 못했을 거예요. 이 배를 탈 수 없었을 거예요.

　당나라로 떠나던 그날, 저는 두렵고 무서웠어요. 10년 안에 과거에 급제하지 않으면 내 아들이 아니다, 아버지의 그 말씀도 제게는 너무나 무거웠어요. 생각해 보세요, 저는 그때 겨우 열두 살이었던걸요. 저는 아버지와 어머니의 무릎 아래에 조금 더 머물고 싶었어요. 아침저녁으로 자애로운 어머니의 눈빛을 받으며 천천히 자라고 싶었어요. 그러나 아버지는 제 등을 미셨죠, 그날. 단호한 목소리로 형을 떠나보내셨던 그때처럼 저의 등도 떠미셨죠, 그날.

당으로 가야 한다는 아버지의 말씀을 들은 뒤로 마음의 준비를 하고는 있었어요. 그러나 생각보다 그날은 너무 금세 다가왔어요. 그날 아침, 어머니는 제 절을 받으신 뒤로 꼼짝도 않고 방에만 계셨어요. 방문은 열어 둔 채였지만 문 밖으로 나오지는 않으셨죠. 떠나는 제 모습을 보지는 않으셨죠. 그러나 저는 들었어요. 열어 둔 방문 너머 들려오는 어머니의 가느다란 흐느낌을. 그래도 저는 돌아볼 수 없었어요. 어쩌면 제가 떠난 뒤로 아버지도 저를 생각하며 그렇게 속으로 울음을 삼키신 날이 있었을까요? 그러나 그날, 두렵고 떨리는 마음으로 집을 떠나는 제게 아버지는 다만 그 한 말씀을 남기셨어요. 10년 안에 과거에 급제하지 못하면 너는 내 아들이 아니다. 10년이다, 10년.

왜 그때 돌아서지 않았느냐고 물으실까요? 아니, 당으로 가라는 말씀을 들은 날, 왜 그때 못 가겠노라고 얘기하지 않았느냐고 물으실까요?

그럴 수는 없었어요. 아버지가 어렵게 만든 그 기회

를 그냥 날릴 수는 없었으니까요. 열두 살 제 눈에도 그건 아주 좋은 기회면서, 언제 다시 올지 모르는 마지막 기회였어요. 저도 알아요. 그건 제게 주신 아버지의 선물이었죠. 어깨가 내려앉을 것만 같은 무거운 선물이기는 했지만. 그때 저는 어렸어요. 그러나 그 선물은 곡사 중창의 자리에서 왕족의 기분을 맞춰 가며 아버지가 어렵게 만들어 오신 선물이라는 걸 알 수는 있는 나이였어요. 아버지는 왕족들로 둘러싸인 들판에서 고군분투하고 계셨지요. 돕는 이 없는 빈 들판에서 혼자 길을 개척하고 계셨지요. 알아요. 한미한 우리 집안이 서라벌에서 별로 희망이 없다는 것을 저도 알고는 있었어요. 그래요. 그건 우리가 신라인이기 때문이지요. 신라에서 태어난 육두품이기 때문이지요. 딱 거기까지만 올라갈 수 있는 답답하게 막힌 커다란 천장 아래에서 왕족들의 발등을 핥으며 살도록 운명 지어진 육두품이기 때문이지요. 그래서 아버지는 어린 형은 불가에 입문시키고 저는 당나라로 보내신 거지요. 저는 아버지의 그 마음을 이해할 수 있었어요. 우리를 위해 그런 오욕의 시간을 견디며 우리에게 성공의 문을 열어 주시려는 아버지, 저는 그런 아버지의 아들이었으니까요. 저 또한 머잖아 아버지의 바람이 제 바람이 될 것을 어렴풋이 느끼고 있었으니까요. 그때의 저는 겨우 열두 살이었지만, 그래서 마음마저 어머니 곁에서 완전히 거두고 떠날 수는 없었지만, 눈물 없이 흔연히 배에 오르지는 못했지만, 그래도 저는 결국 당으로 떠난 거지요. 아버지의 그 무거운 선물에 감사하며 배를 타고야 만 거지요. 반드시 성공하리라, 어떻게든 10년 안에 급제하리라 푸른 바다를 바라보며 맹세한 거지요.

그러나 아버지. 그곳에도 아버지가 바라는 삶은 없었어요. 아버지가 바라는 그 삶, 얼마 지나지 않아 제가 간절히 바라게 된 그 삶은 거기에도 없었어요.

아버지는 모르셨죠. 빈공과에 급제해도 미관말직을 돌아야 할 뿐이라는 걸. 저는 그곳에서 그저 외국인일 뿐이라는 걸. 어렵게 그분의 휘하에 든 뒤로도 끊임없이 당의 문사들과 경쟁해야 했다는 걸. 그들의 견제 속에서 하루하루 말라 갔다는 걸. 그들이 백을 하면 저는 천을 해야 겨우 따라갈 수 있는 일상이 전쟁이던 그런 날들로 제가 점점 더 숨차했다는 걸 아버지는 모르셨죠. 아버지는 모르셨을 거예요. 입으로 당나라 말을 해도 머리로는 신라의 말을 하고, 낮에는 당나라 거리를 걸어도 밤이면 꿈속에서 신라의 하늘 아래 서 있는 저의 외로운 하루하루를.

그러나 아버지를 실망시킬 순 없었어요. 금의환향의 순간이 올 때까지 서라벌로 돌아갈 수는 없었어요. 모두

가 저를 우러르고 제 앞에 머리를 조아리는 그런 날이 오기 전까지는 신라로 가는 배를 탈 수 없었어요. 그러다 보니 서라벌로 돌아가는 이날이 이렇게 늦어지고 말았네요.

　그 사이 저는 나이를 먹었고 이제 아버지는 서라벌에도 계시지 않아요. 그건 차라리 다행일까요. 이렇게 급히 짐을 싸 신라로 돌아가는 제 모습을 아버지 생전에 보시지 않은 것이 어쩌면 더 나았을까요. 당에서 아들이 승승장구한다는 소식으로도 아버지는 그간 조금은 기쁘게 지내셨을 테니까요. 무릎 아래에서 키우던 어린 아들을 멀리 떼어 놓고 힘들었던 그 세월을 얼마쯤은 보상받으셨을 테니까요.

　혹시라도, 그분이 조금만 더 오래 권좌에 있었더라면, 아니 지금이라도 그분이 다시 권력의 심장부로 돌진할 기미가 보였더라면, 그랬다면 저는 조금 더 당에 머물렀을지도 모르겠어요. 어쩌면 영영 서라벌로 돌아가지 않았을지도 모르겠어요. 그러나 이제 괜찮아요. 지금도 충분해요. 당에서 지낸 17년으로도 이미 저는 한미한 가문 출신 최치원이 아니거든요. 당의 사신이 되어 신라를 향하는 금의환향의 길에 서 있거든요.

　지금 신라로 가고 있어요, 아버지. 이곳의 바람이 가라앉는 대로 이 배는 다시 항해를 계속할 거예요. 그러면 저는 봄이 깊어지기 전 서라벌에 도착하겠죠. 거기서 저, 이제는 저의 꿈이 된 아버지의 꿈을 이룰 거예요. 육두품이어도 당당히 입신해서 출세하길 바라던 아버지의 그 꿈이 이제는 제 꿈이 되었거든요. 저의 그 꿈이 비록 제게 투사된 당신의 꿈이었다 해도. 지금 서라벌로 돌아가요, 아버지.

14.

뜻밖의 꿈이었다. 파도가 잠잠해지길 기다리던 산둥 반도의 어딘가였을까. 바닷가에 선 최치원은 긴 소매로 눈물을 닦으며 오래오래 중얼거리고 있었다. 그러고 보니 열두 살에 당나라로 떠난 이후 그는 아버지를 다시 만나지 못했을 수도 있겠다. 장년이 된 최치원이 서라벌로 돌아갔을 때 아버지 최견일은 이미 죽고 없었으니. 이런 부자 관계라니. 성공을 위해서는 내려놓아야 할 것이 적지 않구나. 현준이와의 마지막 대화가 잠시 생각났으나 고개를 흔들어 생각의 꼬리를 잘라 냈다. 지금은 그 일을 깊이 생각하고 싶지 않았다.

시계를 보는 대신, 일어나 창문을 열었다. 아홉 시나 혹은 열 시쯤 되었을까. 붉은 커튼을 젖힌 너머로, 얼음이 언 연못과 연못 위까지 뻗은 중국식 회랑, 그 위로 내리는 겨울 햇살이 눈에 들어왔다.

어젯밤, 동관지에를 나서서는 문창각 부근을 걸었다. 중국말로 '원창꺼'라 불리는 문창각 거리를 찾은 것은 역시나 최치원의 시호인 '문창'과 그 거리의 이름이 일치한 때문이었다. 최치원의 시호를 여기 양저우의 거리에 이름 붙인 것은 아닌가 궁금했기 때문이었다.

원창꺼 거리의 야경은 눈부셨다. 탑처럼 생긴 둥근 원창꺼를 로터리 삼아 자동차들이 줄지어 다녔다. 그 양쪽으로는 번화한 시가지가 계속 이어져 있었다. 베이징이나 상하이 같은 대도시가 아닌데도 양저우의 밤 풍경은 충분히 밝고 화려했다. 조명을 밝힌 원창꺼는 그 거리 밤 풍경의 방점이었다.

원창꺼는 베이징에서 보았던 천단과 비슷한 외형이었지만 규모는 그보다 작았다. 16세기 말 명나라 때 지어졌다는 원창꺼는 조명 때문에 그 형태가 테두리로만 보였지만, 호텔로 돌아와 사진을 찾아보니 팔각의 3층짜리 짙은 색 목조 누각과 이와는 대조적으로 하얗게 칠해진 둥근 1층, 그리고 거기에 난 아치형 문이 특징이었다. 천단처럼 하늘에 제사를 지내는 곳이기는 했지만 그 이름에서 알 수 있듯 문학적 기풍을 강조하는 의미를 지녔다고도 했다. 문창이라는 이름은 그런 의미를 담은 것이지, 9세기 신라의 사람 최치원의 시호를 기린 것은 아니었다.

그러고 보면 나는 참 순진한 구석이 있다. 양저우에서 제일 번화한 이 거리에 최치원의 시호를 붙였을지도 모른다 생각하다니. 최치원의 시호는 고려 현종 때에야 추증된 것이고, 양저우에서 최치원이 본격적으로 부각된 것은 최근의 일인데. 9세기 말 신라 사람이 12세기 말에 추증 받은 시호를 16세기 명나라 때 건설된 중국 누각에 붙였을 거라 생각하다니. 글월이 창성하다는 뜻의 문창(文昌)이라는 말은 관용적으로도 많이 쓰는 말인데. 실제로 원창꺼는 중국 곳곳에 있다는데.

최치원의 시호가 양저우로 역수입되지 않았을까 하는 나의 순진한 발상은 사실 〈쌍녀분기〉 때문이기도 했다. 최치원의 연애 사건을 다룬 이야기라 할 수 있는 〈쌍녀분기〉는 설화집인 《신라수이전》에 실린 이야기이다. 《신라수이전》 자체는 지금 전하지 않지만 거기 실렸던 이야기 중 열네 편은 《신라수이전》을 출처로 밝힌 다른 문헌들에 실려 전한다. 이를테면 각훈의 《해동고승전》, 권문해의 《대동운부군옥》 등에 《신라수이전》에 실린 이야기로 밝혀져 전하는 것이다.

그런데 이 쌍녀분에 대한 이야기는 중국에도 전한다. 남송시대인 12세기 초반에 편찬된 《육조사적편류》에 짤막하게 요약되어 있다는 것이다. 최치원 관련 논문들을 읽다가 〈쌍녀분기〉라는 우리나라 소설이 중국 강남 지방으로 흘러들어 가 현지의 쌍녀분에 얽힌 고사로 정착된 것이라는 글을 봤는데 아무래도 그 기억이 강하게 남았었나 보다. 어쩌면 어제 시장 골목에서 들었던 케이팝 때문이었는지도.

고모 댁을 나와 현준이를 만난 건 6시가 넘은 때였다. 열두 시간 후면 함께 상하이 가는 비행기를 탈 텐데 굳이 김해에서 해운대까지 온 이유가 궁금했다. 게다가, 우리는 바로 전날에도 만났다.

현준이는 바로 이야기를 꺼내지 않았다. 그냥요, 형을 어제 보고 오늘 또 보니 좋네요, 지하철 타고 와서 춥지는 않았어요, 우리가 내일 떠나야 하는 거긴 하죠, 이런 말들만 툭툭 던졌다. 그러다가 〈쌍녀분기〉 이야기를 하게 되었다. 조금 전에 고모에게 〈최고운전〉 이야기를 해 드렸어, 〈쌍녀분기〉 이야기는 너 만나러 나오느라 시간이 없어서 다음에 해 드리기로 했어, 이렇게 말한 뒤였다.

"그 이야기, 저도 듣고 싶어요, 형."

"응? 쌍녀분 이야기 말이야?"

"네. 최치원의 연애담이라면서요. 궁금해요, 그 이야기."

"그래, 스무 살이면 이제 연애담에도 관심 가고 그럴 때이긴 하다, 그치?"

"아니오, 그래서는 아니고, 그냥 궁금하니까, 뭐……."

"그래그래, 궁금하지, 젊은 최치원의 이야기."

"아이 참, 형도……."

"하하. 이야기는 아주 단순해. 최치원이 쌍녀분의 주인들, 그러니까 무덤 속 혼령들과 사랑을 나눈 이야기야."

"혼령? 연애담이 아니라 귀신담이었어요?"

"푸하하, 그렇네? 예전에 장씨 성을 가진 열여섯 살, 열여덟 살 자매가 있었는데 아버지가 이들을 돈은 많지만 나이 역시 많은 소금 장수와 차 장수에게 시집보내려 했대. 그래서 자매들이 한을 품고 자결을 했고, 그 둘을 한데 묻은 데가 쌍녀분이라는 거야. 그러던 어느 날, 율수현위가 된 최치원이 쌍녀분을 지나다가 무덤 앞에 시를 바치고 그 옆의 역관에서 하루를 묵게 되었대. 그런데 그날 밤 최치원의 꿈에 장씨 자매가 나타나서 세 사람이 시를 주고받으며 사랑을 나누었다, 이게 줄거리야. 실제 내용의 많은 부분은 그들이 주고받은 시고."

"소설에 시가 그렇게 많이 나와요?"

"응, 그게 전기(傳奇)의 특징이지. 전할 전(傳)에 기이하다 할 때의 기(奇)를 쓰는 전기. 기이한 이야기라고 부를 수 있는 이런 전기는 설화와 소설의 중간쯤 되는 이야기지. 소설로 발전하는 단계의 이야기이자 초기 소설이랄까? 애정담이나 괴기담이 많고. 이런 전기에는 등장인물들이 시를 주고받는 장면이 많이 나와."

"그러면 전기를 짓는 사람은 시도 잘 지어야 했겠는데요? 〈쌍녀분기〉는 누가 쓴 거예요? 최치원?"

"그게 좀 복잡한 문제야. 이 이야기가 전한다는 《신라수이전》 자체도 저작자가 최치원이다, 박인량이다, 김척명이다, 말이 많거든. 원래 최치원이 지었는데 고려시대에 와서 박인량이 보충했다, 아니다, 최치원이 지은 것을 김척명이 다시 고쳤다, 의견이 분분해. 김척명도 신라 말에서 고려 초 사람이야, 연대는 정확히 알 수 없지만."

"아, 《신라수이전》의 저자가 누군지 알면 그 사람이 〈쌍녀분기〉도 지었다고 생각할 수 있는데, 《신라수이전》의 저자 자체를 특정할 수 없다, 이런 거군요."

"그렇지. 거기다가 《신라수이전》이라는 게 모두 저자가 직접 지은 이야기들만 담은 책인지, 아니면 다른 데서 들은 이야기를 모아 놓은 것인지에 따라서도 문제가 달라져. 그래서 최치원이 저작자다, 박인량이 편찬자다, 학자들 사이에서도 의견이 갈리는 거지. 《신라수이전》이 전하면 좀 나을 텐데 그것도 아니고."

"그러면 〈쌍녀분기〉는 누가 지었는지 모르는 거네요? 나는 최치원이 자기 연애담을 이야기로 쓴 건가 했네."

"상황이 좋지는 않지만, 그래도 학자들은 부족한 근거를 가지고 상상력을 발휘하고 논리적으로 추론해서 합리적 가설을 세우고 학설을 내놓지. 내가 최근에 읽은 어떤 논문에서는 〈쌍녀분기〉를 최치원이 아닌 최광유가 지은 이야기로 보더라고."

"최광유도 통일신라 사람 아니에요?"

"맞아. 최치원이랑 비슷한 시기였지. 고려시대에, 누구는 이규보 이전 고려 중기라고 하고, 누구는 고려 후기라고 하는데, 뭐, 편찬 시기가 정확하게 알려지지 않아서 그런 거지만, 하여튼 고려시대에 중국과 신라 시인들의 한시를 골라 편찬한 《십초시》라는 시선집이 있었어. 거기에 시가 전할 정도로 시를 잘 썼대, 최광유가."

"아, 〈쌍녀분기〉에 시가 많이 등장하는데 최광유가 시를 잘 썼으니 그게 최광유를 작자로 추정하는 한 가지 증거라는 거군요?"

"응. 그 논문에서는 그러더라고. 〈쌍녀분기〉의 서술 주체가 3인칭인데 자기 이야기를 자술하면서 3인칭으로 쓰겠느냐, 게다가 초반에 최치원에 대한 인정 서술도 있는데, 그걸 봐서는 최치원의 작품으로 보기 어렵다, 이런 논리더라고."

"인정 서술이 뭐예요?"

"최치원은 경주 사량부 사람이었다, 뭐 이런 식의 공식적 소개?"

"아, 그런 게 인정 서술이구나. 그럼 최치원이 아닌 거는 그렇다 치고, 최광유로 보는 또 다른 이유는 뭐래요? 역시 시 때문에?"

"응, 아무래도. 이 작품에는 삽입시가 많은데 그 시풍이 최광유의 시풍과 비슷하다는 거야. 한시는 압운이라는 형식적 특징이 있잖아. 그 압운 취향이 최광유와 비슷하다, 심상의 경향성도 그렇다, 결정적으로 허무주의 시풍이 최광유와 통한다, 그래서 최광유의 작품일 걸로 추정할 수 있다, 이런 의견이더라고."

"허무주의 시풍이요?"

"응. 최광유도 도당 유학생이었어. 그런데 최광유는 10년을 채우고도 급제를 못 했대. 빈손으로 돌아온 거지. 그런 최광유의 마음과, 신라에 돌아와 기대만큼 일이 잘 풀리지 않았던 최치원의 실의, 이런 면에서 동병상련이 느껴지지 않느냐는 거지. 그래서 최치원의 경험을 그렇게 이야기로 만들어 본 거 아니겠느냐, 둘 다 현실 허무주의로 쏠리게 되었고. 뭐, 이런 견해야."

"최치원이 허무주의로 갔다고요? 아, 허무주의까
지……."

"사실, 최치원이 신라에 돌아와서는 자신이 생각한
만큼의 성취를 이루거나 하지는 못했잖아. 허무주의 때문
에 결국은 가야산으로 들어가 종적을 감춘 걸로 볼 수도
있지, 뭐."

"아, 그건…… 에이, 아니에요. 그 이야기는 좀 있다
가 하죠. 쌍녀분은 실제 최치원의 경험이라 치고, 그럼 중
국으로 그 이야기가 전해졌다는 거네요, 그분 논문에 따
르면?"

"응. 당시에 신라방이라든가, 당나라에도 신라 교민
사회가 형성되어 있었으니까 신라에서 지어진 이야기가
신라 교민사회를 매개로 해서 중국 강남 지방으로 유입되
었을 가능성이 충분하다, 이렇게 보더라고."

"지금 중국에서는 어떻게 반응하는데요?"

"최치원이 율수 현위를 지냈잖아? 예전 율수가 지금
은 율수와 고순(高淳), 중국말로는 리쉐이현과 가오춘현으
로 나뉘어져 있는데 실제로 가오춘현에 쌍녀분이 있대.
중국에서는 이걸 쌍녀분에 전하는 전설로 만들어 알리고
있고. 내일 양저우 가면 일정 봐서 여기도 가 볼까?"

"아, 네, 그건 뭐 봐서……. 그런데 형. 갑자기 그런 생각이 드네요. 최치원이 허무주의로 갔다고 하고, 최광유도 그렇다고 하니까, 그냥 그런 생각이 드네요. 최치원이 시를 주고받으며 사랑을 나눴다는 그때 그 두 여인이 어쩌면 당나라와 신라를 의미하는 건 아닌가 하는 생각이 문득."

"당나라와 신라?"

"네. 최치원은 신라에 살면서도 당나라에서의 경력을 강조해야 했다면서요. 그러니까 두 여인은 최치원에게 있어 똑같이 중요했던 당나라와 신라가 아니었을까. 그 둘이 혼령이었다는 건 결국 두 곳 어디에도 정착하지 못하고 가야산으로 들어가 버린 최치원의 허무한 삶을 말하는 거 아닌가, 그런 생각."

"오, 그럴듯한데?"

"에이, 아니다. 내가 지금 이렇게 허무주의로 자꾸 갈 때가 아니다. 지금 그거 때문에 내가 형을 보자고 했는데."

"아, 그래. 그 이야기를 하자, 현준아. 내일 아침 비행기로 같이 여행을 가는데도 굳이 이 저녁에 네가 해운대까지 온 그 이야기를 하자. 도대체 왜 보자고 한 거야?"

그 말을 듣자 현준이는 허리를 곧게 세웠었지, 결심

한 듯 손은 깍지를 끼고. 그러나 결국 너는 별말을 하지 않았어. 그저, 지금 양저우에 가는 게 제게 무슨 의미가 있나 하는 생각이 자꾸 들어서요, 그동안 제가 생각했던 최치원과 이제 조금씩 알아 가게 된 최치원이 나무 달라서요, 그래서 형과 얼굴 보며 이야기하면 뭔가가 분명해질까 했는데 제 머릿속이 아직 너무나 복잡해서 어디서부터 이야기를 꺼내야 할지 지금으로서는 도저히 모르겠어요, 그런 말들만 중얼거렸지, 출발을 채 열두 시간도 남겨놓지 않은 겨울밤 해운대에서.

15.

　고운하. 예전부터 중국 내륙을 연결해 주던 운하. 새
로 낸 물길보다 규모는 작아도 지금도 여전히 수로 교통
의 일부를 담당하고 있는 옛 운하. 그리고, 벌써 7세기 초
에 운하의 남쪽 종착지이던 양저우.
　양저우의 고운하로 가는 길도 버스를 이용했다. 지
도를 보니 운하 주변의 길들은 대개 직교하고 있어서 버
스 노선도와 지도를 잘 맞추면 고운하 찾는 일도 별로 힘
들 것 같지 않아서였다. 그런데 이런 내 생각은 반은 맞고
반은 틀렸다. 고운하 조금 못 미쳐 그 직전 정류장에 내렸
으니 버스가 가는 방향으로 조금만 걸으면 고운하에 닿는
것은 맞았다. 그러나 예상보다 정류장과 정류장 사이가
너무 멀었다. 이렇게 걷는 대신 택시를 탔어야 했다고 계
속 후회할 만큼.
　한참을 걸어 마침내 고운하를 가로지르는 다리 위

에 섰다. 눈앞에 펼쳐진 고운하는 도시 속으로 곧게 뻗어 있었다. 그러나 그 외에는 보통의 강 같았다. 자로 잰 듯 곧게 뻗어 있다는 그 점만이 곡류하는 자연 하천과는 다를 뿐이었다. 직선으로 뻗은 물길 위로는 목재나 석탄 같은 것들을 실은 커다란 배들이 지나고 있었다. 운하 주변에 형성된 거주지는 낡고 초라했다. 고운하를 지나는 배들도 대개는 석탄가루를 뒤집어써서 남루했다. 아직 현대사의 문을 열고 들어오지는 못한 듯한 행색의 고운하와 그 주변 풍경. 그러나, 물길을 내어 새로 교통의 흐름을 만들었던 고운하는 중국 역사에서 아주 중요한 길이었다. 이제는 비행기나 철도나 자동차 같은 다른 현대적인 운송 수단에 밀려 혹은 새로 낸 대운하에 밀려 경제적 가치가 높지 않은 물품들을 운반하는 정도에 머물고 있을지 모르지만, 한때는 중국 내륙으로 물산을 실어 나르며 문화를 퍼뜨리는 데에 공이 제일 컸다. 하물며 당나라 때에는.

젊은 최치원의 눈에 이런 운하가 얼마나 대단하게 보였을까. 사람들이 뚫은 새로운 인공의 물길을 통해 물산이 돌고 문명이 도는 것을 직접 보았을 때 얼마나 경이로웠을까. 운하는 물을 다스리는 것이었다. 물을 다스려 그것으로 인간 삶에 이롭게 사용하는 것이었다. 최치원이 함양 태수로 살던 시절에 치수(治水)에 나섰던 일은 그가 당나라 시절 물을 다스려 운하를 이용하던 당인들의 삶을 목격했던 것과도 관련이 있을 것만 같았다.

숲 전체가 천연기념물로 지정된 함양의 상림은 천년의 숲이라 하여 지금도 유명하다. 바로 그 숲이 최치원의 흔적이다. 함양의 위천이 매년 홍수로 범람하자, 태수 최치원이 제방을 쌓은 후에 그 제방을 보호하는 호안림으로 조성한 숲이 지금의 상림이라니까. 원래는 대관림이라는 하나의 숲이었는데 큰 홍수로 가운데 제방이 무너져 상림과 하림으로 나뉘게 되었다 하고. 제방을 쌓아 물길을 다스려 홍수를 예방한 최치원의 아이디어는 장안과 양저우를 운하로 오르내리던 시절 자연스럽게 체화된 치수의 결과가 아니었을까. 당의 문명을 접촉한 최치원이 그것을 수용한 것이 아니었을까.

함양의 상림을 처음 본 것은 설치미술가 장민승과 작곡가 정재일이 함께한 작업을 통해서였다. 어두운 영상 속에서 숲의 오묘한 소리들을 듣고 신비로운 풍경을 보는 것은 감동적이어서 손끝이 저릴 정도였다.

작품이 너무 훌륭해서였겠지만, 그러나 실제로 본 상림은 생각보다 평범하고 소박했다. 둥치가 굵은 나무들이 우거진 숲길로 사람들이 편안하게 걷고 있었고, 숲의 가운데를 흐르는 개울도 아기자기한 편이었다. 개울을 따라 상림숲을 거니는 경험은 한가로움의 한가운데로 들어가는 일이었다. 상림 주변으로 펼쳐진 연밭도 숲의 정취를 더했다. 우아한 넓은 연잎과 조신하면서도 화사한 연꽃이 어우러져 가벼운 고즈넉함을 풍기고 있었다.

그러나 그런 평범하고 소박하며 고즈넉한 상림에는 다른 곳에 없는 시간의 아우라가 있었다. 천년의 숲이라는, 아무 데나 붙이기 어려운 위대한 이름이 있었다. 그 이름에 항상 함께 따라나오는 최치원. 천년 전에 이 숲을 가꾼 손길.

그 무렵의 최치원은 지방관을 전전하고 있었다. 당나라 사신의 신분으로 금의환향했고 귀국 초에는 왕의 측근인 시독을 맡기도 했지만, 진골들의 견제와 국학 출신 관료들의 알력 사이에서 부대끼다가 결국에는 태수를 맡아 지방으로 돌던 시절이었다. 누구는 지방관을 자원했다고도 하지만, 어쨌든 중앙 정계에서는 밀려나 있던 것이다.

최치원이 헌강왕에게 《계원필경집》과 《중산복궤집》을 올린 것은 886년 1월의 일이었다. 그러나 6개월 뒤 헌강왕은 사망했고 다음 대인 정강왕 이후로 최치원은 요직에 오르지 못한 것 같다. 정강왕, 진성왕으로 이어지면서 지방관으로 지낸 기록만 확인되는 것을 보면, 당나라까지 유학을 다녀왔고 당나라 사신의 신분으로 귀국한 최치원

이었지만 그로서도 진골의 견제는 이겨 낼 수 없었던 모양이다.

최치원이 지방관으로 돈 곳들은 하나같이 서라벌에서 먼 곳들이었다. 기록에 의하면 최치원은 대산군, 부성군, 천령군 태수를 지냈다고 한다. 대산군은 지금의 전북 정읍이고 부성군은 충남 서산이며 천령군은 경남 함양으로, 지금의 경주인 당시 서라벌에서는 모두 상당히 거리가 있는 지역들이다. 당대 세계 제국의 중심에서 최신 학문을 공부하고 온 최치원은 신라로 돌아온 뒤 중앙 정계에서 자신의 경륜과 능력을 펼치고 싶었겠지만 현실은 그렇지 못했던 것이다. 오히려 중앙으로 돌아갈 꿈은 꿀 수조차 없던, 서라벌에서 먼 곳들만 전전했던 것이다.

지방관으로 나설 때의 최치원은 당나라 빈공과에 급제한 후 처음 율수 현위를 받았을 때와 비슷한 심정을 느끼지 않았을까. 자신의 능력과 야망에 못 미치는 자리에 놓였을 때의 심정. 당나라에서는 그런 울분이 박학굉사과 응시라는 새로운 도전으로 이어질 수라도 있었는데.

처음에는 불같은 분노 속에서 하루하루를 살았을지도 모른다. 소년 시절 당나라까지 가 외롭고 고독했던 시간을 감내하며 마침내 자금어대를 하사받을 정도로 당나라 조정의 신임을 얻었으나 그런 자신으로서도 타개할 수 없는 신라에서의 태생적 한계. 최선을 다해 편찬한 공권을 헌강왕에게 올렸으나 그가 6개월만에 세상을 떠나 버렸을 때 최치원은 자신의 불운을 한하지 않았을까. 거듭되는 진골 귀족들의 견제와 압박 속에서 마침내 서라벌에서 멀리 떨어진 지방까지 쫓겨 나오다시피 한 상황. 그런 상황을 타개할 방법이 하나도 보이지 않을 때 그는 자신의 능력으로도 어찌할 수 없는 신라의 골품제를 원망하고 원망하지 않았을까. 이러려고 내가 당나라 유학까지 했던가 자괴감이 들고 괴롭기도 했을 것이다.

그러나 그가 지방관을 지냈던 고을마다 아직도 최치원의 치적을 이야기하는 것을 보면, 최치원은 자신의 기대에 못 미쳤을 지방관이라는 작은 위치에서도 자신이 할 바는 다했던 모양이다. 그것은 어쩌면 당나라에서 접했던 선진 문명의 영향이었을지도 모른다. 세계 수준의 문명을 접한 도당 유학생의 행정 능력의 발현이었을지도 모른다. 당인들의 생활 곳곳에 스며든 선진적 삶의 양태를 신라에 적용한 결과인지도 모른다. '접촉이나 견문에 의한 수용이 처음에 큰 의미를 갖지는 못했더라도 이것이 한 알의 밀알처럼 후에 어떤 변화의 동력이 될 수 있다는 점에서 중요성을 갖는다'던 《전통과 창조》에 실린 이혜순 교수님 글의 한 구절이 생각났다.

그는 그렇게 지방관의 직무를 이행해 나갔나 보다. 처음에는 분노가 치밀어 스스로를 통제할 수 없었을 것만 같은데, 최치원은 그런 감정들을 공적 책임감으로 차츰 대체해 나갔나 보다. 대산군, 부성군, 천령군을 거치면서 중앙 정계에서 밀려났다는 자괴감은 점차 옅어진 대신, 쇠망하는 국가를 가만히 앉아 바라보고만 있을 수 없다는 공적 책임감은 점점 짙어진 모양이다. 이미 당나라에서 목도했던 한 국가의 말기적 상황이 신라의 곳곳에서 감지된 탓도 있을 것이다. 지방관으로 작은 정부를 이끌면서 쌓은 경험들에서 여러 가지 정치적·행정적 아이디어가 떠오르기도 했을 것이다. 박학굉사과 준비를 파하고 고병 휘하에 들었던 그때처럼 그것은 최치원이 던진 국면 전환의 마지막 수였을지도 모르겠지만.

천령군 태수 시절 최치원은 이런 생각들을 정리해서 진성왕에게 올린다. 기록이 남아 있지 않은 탓에 그 생각의 전모를 정확히 알 수 없어 막연히 시무십여조라고 부르는 그것이다. 경주 상서장에는 그곳에서 왕에게 시무책을 올렸다고 설명되어 있지만.

시무책을 올린 것이니 최치원으로서는 국가적으로 시급하게 닥친 일에 대한 일종의 해결책을 제시한 것으로 볼 수 있다. 그러나 진성여왕은 그의 의견을 채택하지 않았다. 최치원을 중앙으로 다시 불러들이지도 않았다. 왕은 시무책을 올린 최치원에게 아찬을 제수하지만 단지 그뿐이었다. 채택되지 않은 시무책 대신 돌아온 아찬. 최치원에게 그것은 우는 아이 입에 물려 주는 곶감 같은 것이 아니었을까.

위천의 범람을 막기 위해 제방을 쌓고 숲을 조성했던 것은 이런 시기의 일이었다. 우리나라에 남아 있는 가장 오래된 인공림 함양의 상림은 이를테면 최치원 실의기(失意期)에 이루어진 역사이면서 개인적 좌절감에 매몰되지 않은 공적 책임감의 응축물인 것이다. 너무나 오래전의 일이고 기록이 많지 않아 상황을 정확히 재구할 수는 없지만 최치원은 천령군 태수를 끝으로 은거의 길에 들어섰다. 그는 이미 중앙 정계에서 밀려나 있었다. 지방관으로 돌면서 공적 자아로서의 삶을 이어 가기는 했으나 그것은 자신의 기대에 못 미치는 삶이었다. 시무책을 올려 보았으나 그것도 무위에 그쳤다. 국가의 말기적 상황은 곳곳에서 목도되지만 그것을 타개할 기회가 최치원에게는 이제 영영 없음을 인정해야 했다. 원리진세(遠離塵世). 복잡하고 어수선한 진세로부터 점차 멀어지다. 그것이 이때 최치원의 마음이 아니었을까. 그는 그렇게 세상에서 차츰 벗어나고 있었는지도.

16.

　신라의 멸망은 경순왕(재위 927~935)이 고려 왕건에게 항복 문서를 전달했던 935년에 확정되지만 통일신라 말기의 혼란을 이야기할 때 진성여왕의 음탕함과 그 주변 사람들의 국정 농단은 빠지지 않고 거론된다. 진성여왕에게 시무책을 올렸던 최치원은 어쩌면 처음부터 자기 시대에는 이루기 어려운 꿈을 꾸었는지도.

　최치원이 남긴 사산비명(四山碑銘) 중 두 가지는 이런 진성여왕 대에 완성된 것이다. 사산비명의 비문들은 입적한 승려의 비문이거나 원찰의 창건 내력이었다. 최치원은 그 비문을 짓도록 왕들에게 명을 받았고 최치원이 찬술한 비명은 비석에 새겨져 네 개의 산 네 개의 절에 세워졌다. 그 네 개의 산은 각각 지리산과 초월산, 숭엄산, 희양산이고, 네 개의 절은 쌍계사, 대숭복사, 성주사, 봉암사이다.

　진감선사 혜소(慧昭, 774~850)의 비는 지리산 쌍계사에 있다. 국보 47호로 지정된 진감선사 대공령탑비를 찾아 쌍계사로 가려면 19번 국도를 지나야 한다. 19번 국도는 '한국의 아름다운 길'이라는 이름을 따로 얻을 정도로 매우 아름다운 길이다. 세월을 말해 주는 커다란 옹이들을 여러 개씩 매단 둥치 굵은 나무들이 지혜 가득한 현자 같은 고요한 모습으로 이어져 있는 길. 그 길을 따라 오래된 나무 사이로 조심스레 차를 달리는 것도 가슴 벅차지만, 옆으로 흐르며 그 길을 따라오는 지리산 계곡의 힘차고 맑은 물은 바라보는 것만으로도 마음이 정갈해진다. 멀리서도 세례의 자리에 선 것만 같다. 한국의 아름다운 길. 이런 이름을 붙이지 않을 수 없는 길이다, 19번 국도.

"쌍계사는 물의 절이구나. 쌍계사 곳곳이 온통 물이야. 여기도 물, 저기도 물."

절을 향해 올라가는 길을 걸으며 미영이가 말했다. 그 말 그대로였다. 19번 국도의 감흥이 채 가라앉지 않은 탓만은 아니었다. 길 옆 작은 계곡은 돌돌거리며 명랑하게 흘러가는가 하면 곳곳에 자그마한 폭포를 이루기도 한다. 절을 향해 걸어 오르다 보니, 냇물은 절의 일주문 왼편으로부터 오른편으로 휘돌아 흘러가고 있었다.

"그래, 네 말대로 여기는 정말 물의 절이네. 잘생긴 사람을 보고 가을물 같다고 한다더니 그 이유를 알 것 같

아. 가을이라서 그런 걸까, 지리산이어서 그런 걸까? 정말 아름답다."

"맞아. 고전소설에서 미남을 소개할 때 그렇게 말하지. 추수(秋水) 같은 얼굴이라고. 달중이, 너, 그거 알아? 쌍계사의 원래 이름은 옥천사(玉泉寺)였대. 통일신라 때, 혜소가 입적할 그 당시에도 이 절의 이름은 옥천사였대. 옥빛 샘이 솟는 절, 옥천사."

"거기도 물이구나."

"쌍계사의 옛날 주소도 그래. 하동군 화개면 운수리. 구름과 물의 고을 운수리. 게다가 이름도 쌍계사잖아. 계곡 하나로는 그 물이 흘러넘치는지 절 이름도 쌍계다, 쌍계."

다섯 개의 돌계단 위로 다시 스무 개쯤 되는 돌계단, 그 위로 대웅전이 보였다.

"아, 저기 있구나, 대웅전."

"달중아, 여기 있다, 진감선사 비. 건물 사이에 잘 모셔져 있네."

대웅전을 오르는 돌계단 바로 앞에 진감선사 대공령탑비가 서 있었다. 돌계단 위의 대웅전과, 왼쪽으로 적묵당(寂默堂), 오른쪽으로 설선상(說禪堂)이 둘러싼 한가운데에.

"적묵당, 설선당은 모두 요사채구나. 여기에서 공부

하는 스님들은 이 비를 보면서 진감선사 혜소의 공업을 생각하곤 하겠지? 그들이 생을 바쳐 닦는 수양의 길, 그 길을 앞서간 그들의 선각을 떠올리곤 할 거 아냐? 그렇게 하기 딱 좋은 곳에 진감선사비가 서 있구나."

미영이의 말이 옳다고 느껴졌다. 적묵당과 설선당에 기거하는 구도자들은 요사채를 드나들 때마다 진감선사를 떠올릴 것이다. 그러고는 진감선사 입적 후 오늘까지 이어진 기나긴 세월과 그 세월을 넘어서는 초월적인 불교적 시간들을 돌이켜 볼 것이다. 비의 한쪽은 길게 돌이 떨어져 나갔고 또 다른 쪽은 깊게 패였으며 그 밖에도 곳곳에 총탄 맞은 자리를 여럿 품은 저 돌비석. 한국전쟁의 흔적은 푸르고 단단한 저 돌비석에 외상을 남기기는 했지만, 천년 전부터 저 자리에 서 있는 저 비의 존재감을 흔들지는 못하는구나, 이곳을 지나는 사람들은 비록 그들이 그저 쌍계사에 나들이 온 유객이라 할지라도 그렇게 생각할 것 같았다. 비에 깃든 천년의 시간을 떠올리면서.

"이 글씨도 최치원 글씨라며? 한자가 단정하다, 그치?"

비문을 살펴보던 미영이가 내게 질문을 던지듯 말했다.

"그러게, 글씨가 보기 좋지? 사산비명 중에서 여기 진감선사비와 대숭복사비, 두 개는 글씨도 최치원 글씨래. 최치원은 여기 진감선사비 2500자에 유교나 불교나 노자사상이나 그 근원을 따져 보면 가르침들이 서로 다를 것이 없다는 자신의 생각을 진감선사 혜소의 생애와 함께 새겨 넣은 거지."

"대숭복사는 원래 그 절 아니야? 최치원 아버지가 중창에 참여한…… 달중아, 그 이름이 뭐였더라?"

"곡사?"

"아, 맞아, 곡사. 곡사를 중창한 게 대숭복사라며?"

"최치원의 아버지 최견일이 곡사 중창, 그러니까 결국은 대숭복사의 건립에 참여한 거지."

"사산비명 중에서 다른 건 모두 승려에 대한 건데 대숭복사비만 원찰의 내력에 대해 쓴 거라지? 대숭복사 절터가 경주 초월산이라던데, 저번에 상서장이랑 독서당 갔을 때 거기도 찾아볼 걸 그랬나 봐."

"그러게. 그때 독서당 찾느라고 우리 고생깨나 했지. 미영이 네가 언덕 위의 그 집을 찾지 못했으면 우린 아마 한참 더 헤맸을 거야."

"기억난다. 참 힘들게 찾았는데."

"그런데, 곡사 자리가 바로 대숭복사는 아닌 모양이야. 원래 왕릉 자리에 있던 곡사를 숭복사터로 옮기고 그 자리에 원성왕릉을 조성했다는 내용이 최치원이 쓴 비문에 나오거든."

"대숭복사비는 지금 없다고 했던 것 같은데?"

진감선사비 양쪽으로 하나씩 서 있는 석등을 번갈아 바라보며 미영이가 물었다.

"맞아. 비석받침만 남아서 그건 지금 국립경주박물관 본관 앞마당에 전시되어 있대. 조각 일부가 박물관에 있기는 하고."

"근데 달중아, 사산비명은 비지문(碑誌文)의 모범으로 평가받는 글들 아니야?"

"그렇대. 주인공의 생애를 실감 나게 기술하면서 사이사이에 자기 생각을 잘 드러내고 있다는 면에서."

"그렇군. 대숭복사비는 어떤 내용이야? 숭복사의 내력뿐이야?"

"그렇지, 뭐. 원찰의 내력을 밝혀 두는 게 중요한 목적이었으니. 거기에 더해서, 왕들이 사사로운 욕심은 버리고 스스로 자제하면서 신하들의 충간을 받아들이면 나라가 흥할 거다 하는 이야기도 좀 있나 봐."

"그런 것들이 이를테면 최치원 사상의 편린이구나?"

"그렇지. 전에 문회 선생님이 그러셨잖아. 최치원의 사상은 자료가 너무 없어서 재구하기가 쉽지 않다고. 사산비명과 난랑비문을 통해서 재구성하기는 해도 자료적 한계가 너무 극명하다고. 난랑비문에서도 화랑의 사상적 맥락은 유·불·도의 요소를 아우르고 있다는 정도밖에 읽어 낼 수 없다고. 기억나지?"

"기억나지. 달중이 네가 먼저 여쭤봤었잖아. 최치원 사상에 대해서. 그럼 진감선사비와 대숭복사비, 이렇게 두 개 말고 나머지 두 개는?"

"세 번째로 완성된 비문은 충남 보령의 숭엄산 성주사 터에 있는 대낭혜화상 백월보광탑 비명이야. 국보 제8호. 국가 발전을 위해서는 인재가 반드시 등용되어야 한다는 이야기가 있어. 지방 혼란의 대책으로 지방관의 중요성을 인식하고 있었음을 보여 주는 부분도 있고."

"그 무렵까지도 최치원은 신라의 혼란이 해결될 수 있을 거라고 본 건가? 지방 혼란의 대책을 제시한 거 보면?"

"그랬나 봐. 낭혜 화상은 무염(無染, 801~888)인데 이 사람도 혜소처럼 왕족 출신에 당나라 유학승이었대. 신라에선 신분 좋은 사람들이 승려를 했던 거지. 아, 이 비에는 그런 이야기도 있대. 낭혜 화상은 심학(心學)을 하고 자기는 구학(口學)을 할 뿐 당나라 유학을 한 건 마찬가지인데 차별이 있어 불만이다, 뭐 그런 내용."

"그래? 최치원의 형도 승려잖아."

"그래, 미영이 너도 기억하지? '현준'이라고…… 한자는 여러 가지로 조금씩 다르게 적고 있는데, 아무튼 최치원의 동복 형이 승려였지."

"달중아. 우리, 보령에도 언제 한번 가 보자. 대낭혜화상 백월보광탑도 직접 봐야지 않겠어? 네 번째는 뭐야? 지증대사 비였나?"

"응, 네 번째는 경북 문경에 있는 희양산 봉암사의 지증대사 적조탑비명이야. 이것도 보물로 지정되어 있을걸?"

"내용은 지증대사에 대한 거겠지, 물론?"

"그렇지. 거기다가 이즈음에는 최치원이 은둔의 문제에 대해 관심을 보이기 시작한다는 특징이 있어."

"은둔? 나중에 가야산으로 들어가는 것의 기미가 보인다는 거야?"

"응, 미영아. 이 비문은 893년에 완성되었대. 부성군 태수를 지내던 최치원이 당나라 하정사에 발탁되어 입당(入唐)을 앞두고 있었는데 그때 견훤의 후백제가 일어나서 입당이 막혔다잖아? 바로 그해 겨울에 이 비문을 썼대."

"외직으로 돌던 최치원에게 하정사로 당나라에 들어가는 건 참 좋은 기회였을 텐데. 좌절감이 상당했겠는걸?"

"그렇지. 신라로 돌아와서도 자기 야망에 맞는 관직은 못 얻었잖아. 심지어 태수로 지방을 전전해야 했고. 그러던 차에 하정사에 발탁되었으니. 기대가 컸을 텐데 말이야."

"그렇지. 다시 한 번 기회가 왔다, 이렇게 생각했겠다. 아니면 이번이 마지막 기회다, 이렇게 생각했든지."

"그런데 그 기대가 좌절되었으니 참······. 자기가 입당하지 못한 건 후백제의 발흥 때문이잖아? 신라 입장에서 그건 반란 세력의 봉기였고. 그래서 그런 거겠지만, 지증대사비에는 반란의 확대에 대한 고심이 드러나 있어. 위진남북조의 사례들을 인용하면서 이런 혼란을 어떻게 극복할까 그 방법을 생각해 보는 거지."

"역사에서 답을 찾아보는 거구나."

"그렇지. 진성여왕에게 시무책 올린 게 그다음 해니까 거기에도 이런 내용이 반영되지 않았을까 싶어. 거기다가, 법진이나 송섬 같은 중국의 은둔자들이 수백 수천의 제자를 기르는 모습에 관심을 보이는 내용이 있어. 일민(逸民)에 대해 생각이 많아지는 거지. 미영이 너, 일민에 대해 관심 많잖아? 최치원은 이 비문을 완성하고 불과 몇년 지나지 않아 벼슬을 떠나 유랑의 길로 나서게 돼. 시무책 올린 후인 894년에 제수받은 아찬에서 898년 11월에 면직되거든. 최치원은 반란 세력이 약화되기를 희망했지만 현실은 오히려 반대였지. 901년에는 궁예가 후고구려를 세우잖아."

"지금 우리야 그때의 역사를 아니까 그게 종말을 향해 가는 과정임을 알지만, 그 당시 최치원은 몰랐을 거 아니야? 후백제나 후고구려가 그냥 반란 세력에 그치지 않는다는 걸. 특히나 후고구려. 그 세력이 나중에 왕건의 고려로 이어져 신라를 무너뜨리고 새로운 역사의 주역이 될 거라는 걸 최치원이 어떻게 알았겠어?"

산을 내려가는 길이었다. 오르던 길을 되짚어, 금강문을 지나고, 이어 일주문을 지나다가 문득 뒤를 돌아보니, '삼신산쌍계사(三神山雙溪寺)'라고 쓴 현판이 그제야 눈에 찬다. 절에 들어갈 때는 예사로 보았던 그 일주문의 현판.

고병에게 진정시를 올릴 때 최치원은 자신이 나루를 찾고 있다고 했다. 나루를 찾아 들어갈 때 그도 무언가를 놓치지는 않았을까. 그 나루 언저리에 오래 머물다가 떠밀리듯 나루를 떠나야 했던 그즈음, 그때야 비로소 그는 뒤를 돌아보지 않았을까? 나루를 찾아 들어갈 때 알지 못했던 그 무언가를 나루를 떠나는 그때 비로소 알게 되지 않았을까? 어쩌면 끝까지 그는 자신이 무언가를 놓치고 있다는 것을 몰랐을 수도 있겠지만.

17.

　정읍에 간 것은 지난가을의 일이었다. 19세기에 들어와, 그러니까 1834년에 《계원필경집》을 다시 찍었는데 새로 발간된 《교인 계원필경》의 서문은 서유구(1764~1845)가 썼다. 이때 서유구는 최치원을 호남 옥구 사람으로 기록했다. 《삼국사기》에는 경주 사량부 사람으로 기록되어 있는 최치원을 서유구는 옥구, 즉 지금의 군산 사람으로 봤다는 것이다. 최치원이 살았던 9세기와는 말할 것도 없고 《삼국사기》가 완성된 12세기와도 상당히 시차가 있는 만큼 옥구 출생설을 진지하게 받아들이기는 어려웠다. 그러나 그 글을 읽고 나서부터 옥구에 남아 있을 최치원 관련 명소들이 궁금하기는 했다. 그래서 군산과 정읍을 돌아보기로 마음을 먹은 것이다.

　목적지는 군산의 옥구 향교였다. 오래된 돌비석들이 한 줄로 늘어서 있는 향교 앞 넓은 공터에 차를 세우고 안으로 들어섰다. 손질이 잘된 향교 안마당은 단정하고 정갈했다. 푸른 잔디가 깔린 마당 오른쪽으로 문창서원과 자천대가 있었다.

문창서원은 1969년에 건립되었다. 최치원의 군산 출생설을 지지하는 사람들이 이 지역에 최치원의 단독 사당이 없는 것을 수치로 여긴 나머지, 지역 유림들을 중심으로 서원을 건설했다는 설명이 서원 앞에 게시되어 있다.

재미있는 것은 '문창'에 대한 설명이었다. 서원 앞 안내판에서는 최치원이 문창후라는 시호를 받은 것에 대한 두 가지 해석을 소개하고 있었다. 하나는 최치원이 글을 잘 지어 중국에까지 문명을 날렸기 때문에 문창후로 봉했다는 것이고 다른 하나는 그가 태어난 곳이 문창현, 즉 옥구현이기 때문에 그런 시호를 내렸다는 것이다.

세 가지 생각이 따라왔다. 문창이라는 말은 보편적으로 사용되는 말이 아닌가 하는 생각, 태어난 곳의 지명을 시호에 반영하는 것은 드문 일이라는 생각, 또 하나는 문창현에 얽힌 이야기가 고전소설 《최고운전》의 현실 버전 같다는 생각.

실제로 문창현은 고전소설 《최고운전》에서 그의 아버지로 설정된 최충의 첫 부임지이자, 최치원이 태어난 곳으로 제시되어 있다. 소설에서, 금돼지에게 잡혀 갔던 최치원의 어머니가 지략을 발휘해서 금돼지를 죽이고 다른 사람들과 함께 탈출한 그곳이 문창현인 것이다.

《최고운전》의 현실 버전 같다는 생각은 문창서원 바로 앞에 있는 자천대를 보면서 더욱 선명해졌다. 자천대는 함양의 학사루 같았다. 여덟 개의 돌기둥 위에 세운 다락을 여덟 개의 나무 기둥이 받치고 있는 사방이 트인 누각이었다. 자천대는 최치원이 이곳에서 글을 읽었는데 그 글 읽는 소리가 당나라에까지 들려 당나라 황제가 최치원을 데려갔다는 이야기가 전하는 곳으로, 원래는 신연리 바닷가에 있던 것을 문창서원 앞으로 옮겨 놓았다는 설명을 새긴 돌비석이 그 앞 한편에 서 있었다.

《최고운전》의 최치원이 떠올랐다. 아버지의 냉대를 피해 혼자 섬에 살던 최치원. 그의 글 읽는 소리가 멀리 당나라에까지 들려 그 소리를 들은 당나라 황제가 글 읽는 소리의 주인공을 찾아보도록 두 명의 학사를 파견한다는 바로 그 부분. 그 부분은 자천대에 전하는 이야기와 완전히 같았다. 《최고운전》에서는 그곳이 월영대로 제시되어 있지만.

월영대는 합포현, 그러니까 지금의 창원시 마산 합포구에 지금도 남아 있다. 비록 천년의 시간이 흐르는 동안 지형의 변화와 지속된 매립으로 지금은 바다와는 거리가 있는 시내 한편에 덩그러니 이질적으로 남아 있기는 하지만. 그런데 거기는 남해이다. 글 읽는 소리가 당나라 황제 귀에까지 들린다는 상상은 남해에 면한 월영대보다 서해를 바라보는 자천대에 더 잘 어울린다.

어쩌면《최고운전》은 서유구가《교인 계원필경》의 서문을 쓰기 전에 이미 사람들에게 읽히고 있던 것이 아닐까? 그래서 소설 속 최치원은 문창현에서 태어났고, 월영대에서 글을 읽었으며, 그 글 읽는 소리가 바다 건너 당나라까지 들렸다고 설정한 것이 군산, 그러니까 옥구에 맞춰 변개된 것은 아닐까? 문창현은 사실 옥구현의 옛 이름이며 최치원은 월영대가 아닌 자천대에서 글을 읽은 것으로, 그 과정에서 옥구 출생설이 사람들에게 퍼졌던 것은 아닐까? 소설과 현실이 서로 영향을 주고받는 가운데 최치원의 군산 출생설도 점점 더 사실처럼 믿어진 것은 아니었을까? 그래서 서유구가 서문을 쓸 그 즈음에는 군산 출생설도 역사적 사실처럼 받아들여지고 있던 것이 아니었을까?

지금으로서는 옥구 출생설이《삼국사기》에 기록된 경주 출생설을 뒤집을 만한 문헌적 증거력은 없는 듯하다. 최치원은 경주 사량부 사람이고 최견일의 아들이라는《삼국사기》의 기록이 정설로 인정받고 있다. 그렇다 하여도, 자천대에 앉아 낭랑한 목소리로 글을 읽고 있는 소년 최치원을 상상하는 것은 푸른 가을 하늘 아래 썩 잘 어울리는 일이었다.

최치원이 태수를 지냈던 태인은 지금의 정읍이다. 태인은 고려시대 태산현과 인의현이 조선시대에 들어와 합해지면서 두 고을의 이름에서 한 자씩 붙여 만든 이름이다. 정읍, 고부, 태인을 정읍 하나로 묶은 것은 일제시대의 일이고. 이 지역은 우리 근대사에서도 중요한 지역이다. 동학 농민 운동의 발화점이 된 1894년 고부 민란의 발발지도, 1906년 면암 최익현이 의병을 일으킨 병오창의의 현장도 모두 이 지역이었다. 무성서원(武城書院)은 그 태인에 있다.

서원의 출입문은 2층 누각 아래 있었다. 대개의 서원들이 바깥담에 이어 세 개의 문을 내는 외삼문(外三門)을 쓰는데, 특이하게도 무성서원은 2층 누각의 1층 문을 열고 서원 안으로 들어가게 되어 있었다.

누각의 이름은 현가루(絃歌樓)였다. 현가(絃歌)는 줄을 뜯으며 노래를 부른다는 뜻인데《논어》의 '현가불철(絃歌不輟)'에서 온 말이라 한다. 공자가 뜻밖의 어려움을 겪었을 때에도 거문고 타며 노래하기를 그치지 않은 것처럼, 혹시 어려움이 있다 해도 학문을 계속해야 한다는 뜻을 담아 서원문의 이름을 정했다 한다. 서원을 들어서는 사람들은 이런 마음을 먹어야 함을 서원의 문이 말하고 있는 것이다.

정읍시에서 발간한 안내서에는 현가루가 1891년에 건립된 것으로 적고 있다. 서원이 사액을 받은 것은 숙종 때인 1696년이라니 서원의 입구가 처음부터 누각이었던 것은 아니었겠으나, 우리에게는 현가루라는 이름이 더 특별하게 다가왔다. 그것은 무성서원의 한 문화해설사 때문이었다.

마침 점심시간이 가까운 때였다. 막 외출을 하려던 그 사람은 서원 안으로 들어서는 우리를 보더니 반갑게 웃었다. 설명을 좀 듣고 싶다고 했더니 올라가자며 흔쾌히 응한다. 그러더니 잠시 사무실에 들러 검은 케이스에 든 기타를 메고 나오더니 앞서서 강당으로 향한다.

우리는 강당 마루로 올라갔다. 현가루에서 바로 보이는 강당은 서원의 강학 공간이었다. 5칸 건물의 좌우는 방이 한 칸씩 들어 있고, 가운데 세 칸이 앞뒤로 트인 마루였다. 우리는 거기에 앉았다. 강당 안쪽으로 보이는 은행나무에는 제법 노란 물이 올라 있었다.

"구절초 축제를 하네요?"

"네. 어제 시작했어요. 정읍이 지금 아주 아름다울 때예요."

"무성서원은 주벽이 최치원인 거죠?"

"그렇죠. 최치원 선생님이 여기 태수로 계실 때 선정을 베푸셔서 그분이 여기를 떠나실 때 백성들이 살아 계신 분의 사당을 세우고 태산사(泰山祠)라고 불렀어요. 중종 때인 1544년에는 태인현감으로 신잠(申潛, 1491~1554) 선생님이 오셨는데 그분이 또 정치를 아주 잘하셨대요. 그래서 그분이 여기를 떠나실 때 사당을 지어 배향하다가 고운 선생님의 태산사와 합한 거죠. 서원이 선 것은 광해군 때인 1615년인데 숙종 때인 1696년에 사액을 받았어요. 사액서원이 된 거지요. 우리 무성서원의 주벽은 최치원 선생님이지만, 신잠 선생님에 이어, 상춘곡을 지은 불우헌 정극인(丁克仁) 선생님, 송세림(宋世琳), 정언충(鄭彦忠), 김약묵(金若默), 김관(金灌) 선생님을 추가로 배향했지요."

그 외에도 문화해설사는 이런저런 이야기를 들려주었다. 서원의 내력과 서원에 배향한 인물들, 또 서원이 있는 정읍의 이야기, 그런 것들을 한참 동안 들려주었다.

그러나 그 사람은 무엇보다 노래를 들려주고 싶어했다. 정읍의 이야기를 노래로 엮어 보았다면서 그것을 들려주고 싶다고 했다. 그러더니, 곧 익숙한 솜씨로 케이스를 열어 기타를 꺼내고는 아르페지오로 G코드와 C코

드를 번갈아 튕기면서 아주 잠깐 튜닝을 했다. 그러고는 두 번쯤 헛기침을 하고는 서원에 대해 설명하던 이전까지의 목소리와는 아주 다른 목소리로 조용히 노래를 부르기 시작했다. '현가'의 이름대로 줄을 뜯고 노래를 부르기 시작한 것이었다.

이제, 그 사람이 불렀던 노래들은 생각나지 않는다. 그러나 그 사람이 읊었던 시나 그 사람이 불렀던 노래들이 모두 〈정읍사〉에 초점을 맞추었다는 것은 기억이 난다. 지금까지 남아 전하는 백제의 노래 〈정읍사〉에 소설적 상상을 보태어, 어떤 부분에는 시를 넣고 어떤 부분에는 노래를 넣었지. 행상을 떠난 남편을 기다리며 밝은 달을 우러르는 백제 여인의 기원을 노래와 시에 담아 들려주었지. 정식 음악 교육은 받지 않은 듯했어도 탁 트인 맑은 목소리와 노래에의 몰입, 그리고 감출 수 없던 그 근원적인 흥을 통해 남도의 멋이 무엇인지 보여 주었던 그 시간. 대기에서 느껴지던 달콤하고 쓸쓸한 가을 냄새와 함께, 강당 마루에서 바라보는 현가루 너머의 높고 푸르던 가을 하늘이 기억난다. 천년도 더 전에 살던 최치원의 흔적을 좇아온 길에서 만나게 되었던 어느 가을 하루 '현가'의 특별함도.

18.

　양저우에서의 마지막 밤이 다가왔다. 여행을 떠나면 평소보다 많이 걷게 되지만 오늘은 다른 때보다 훨씬 더 많이 걸은 듯하다. 고운하에서 호텔로 돌아와 잠시 쉬기는 했지만, 다시 나가 수서호(瘦西湖)를 걸은 때문이지 싶었다.

　수서호는 국가 지정 A급 관광지라고 한다. 중국 정부에서 보증하는 최고의 관광지라는 것이겠지. 그럴 만했다. 베이징에서 보았던 이화원 못지않게 넓고 아름다웠다. 베이징의 이화원은 인공 호수인데도 그 규모가 엄청나서 놀라웠지만 그것은 큰 호수가 전체로 하나였다. 이에 비해 수서호는 작은 굽이들이 곳곳에 있었다. 이화원의 풍경이 하나의 타원이라면 수서호는 모서리가 부드러운 별이나 눈표 같달까. 물줄기가 좀 가늘지만 항저우(杭州)의 서호(西湖) 못지않게 아름다워서, 작고 가늘다는 뜻의 수(瘦)자를 넣어 수서호라 부른다는 이야기도 있었다. 겨울 오후의 흐린 대기 사이로 수서호의 전경을 바라보는 것은 아련함마저 느껴지는 일이었다.

나는 현준이를 생각하고 있었다. 혼자 보내는 시간에는 생각이 더 많아지는 것이겠지만, 양저우 이 아름다운 호수를 걸으며 나는 현준이를 생각하고 있었다. 그것은 여행 하루 전날 현준이와 만났던 그 밤의 이야기였다. 현준이를 이해할 수 있었으나 그래도 현준이는 너무 예민하고 너무 성급했다. 불과 여덟 시간 후에 예정되어 있던 여행을 포기할 필요까지는 없었다. 나는 그렇게 생각하고 있었다.

그러나 나는 현준이가 아니다. 수서호를 가로지르는 중국식 회랑을 걷다가 회랑 난간에 손을 짚고 고개를 숙여 수서호 표면을 응시하는데 갑자기 그런 생각이 들었다. 나는 현준이가 아니다. 그러니 현준이의 그 고민도 내 고민은 될 수 없다. 어쩌면 나는 현준이를 이해할 수도 있겠지만 그러나 그것은 아주 작고 좁은 부분에 대한 것일지 모른다. 그러니 나는 현준이의 고민에 수긍할 수 없었던 것이다. 여행을 취소하겠다는 현준이의 결정이 치기 가득한 스무 살의 결정이었다고만 치부했던 것이다. 사람이 사람을 온전히 이해하기란 얼마나 어려운 일인지.

어쩌면 그런 결정의 시작은 해인사였다. 아니, 현준이라는 그 이름이었다. 사실은, 해인사로 들어간 최치원과, 최치원의 가족과, 해인사에 머물던 최치원의 형과, 승려인 그 형과, 그 형인 승려 현준과, 그 형과 이름이 같은 내 앞에 앉은 스무 살 현준과, 그리고 생각 많고 복잡한 스무 살 청년 현준이었다.

　아니다. 그날 밤 그 이야기의 시작은 그때가 아니다. 현준이가 나를 만나러 해운대로 오는 길에 이미 현준이의 이야기는 시작되었다. 아니, 그것도 아니다. 김해의 대학 기숙사를 나와 경전철을 타고 흔들리며 해운대로 향하던 그때 그는 이미 이야기를 정리하고 있었다. 나를 만나기도 전에 현준이는 양저우로는 가지 않기로 마음먹었던 것이 분명하다.

　모른 척하고 있었지만, 사실 그것은 그날 밤 해운대에서 헤어진 후 다시 학교로 돌아가던 현준이가 내게 보낸 사진 한 장으로 충분히 알 수 있었다. 그 사진은 책의 한 부분을 찍은 것이었다. 사진은 다시 편집을 했는지 책의 한 단락에 딱 맞춰 잘려 있었다.

　'자기의 고독을 동정해 달라고 지은 시인데, 독자는 다르게 받아들일 수 있다. 앉아서 만 리를 보고 만고흥망의 내력을 소상하게 훑을 수 있다 해도 자기 스스로 역사 창조에 동참하지 않는다면 그 모든 지식이 오히려 번거로운 짐이 되고 번뇌의 원인이 되고 만다는 것을 확인할 수 있다. 무엇 하나 이룬 것 없다고 신세타령한 최치원의 시는 실패의 증언이라는 점에서 소중한 가치를 가진다.'

그날 밤, 나는 좀 피곤했다. 낮부터 일이 많았던 하루였다. 오전에는 급히 고쳐야 할 글이 있어서 두 시간쯤 일을 했고, 전날 결혼식을 마친 고모가 어쩐지 좀 쓸쓸해 보여서 그날 낮에는 고모와 고모부를 모시고 양산의 임경대에 바람 쐬러 다녀왔다. 그러고는 저녁에 현준이를 만났고, 밤이 되어서야 양저우 갈 짐을 꾸리고 메일을 열어 비행기 티켓을 출력했다. 그러니까, 나와 헤어져 학교로 돌아가던 현준이가 문자로 사진을 보내왔지만 그것을 보고서도 거기에 대해 깊이 생각할 여유가 없었다. 어쩌면 깊이 생각하기 싫었다는 것이 솔직한 마음이었는지도 모르겠다. 늦은 밤 해운대까지 왔다가도 별다른 이야기 없이 그냥 돌아간 현준이에게 살짝 짜증이 난 터였다. 너무 징징대는구나, 그때 나는 그렇게 생각하고 있었던 것 같다. 생각은 그만하고 어서 짐 꾸려. 내일 공항에서 보자. 현준이의 문자에 나는 그렇게 짧은 답을 보냈었다.

다음 날 아침, 결국 현준이는 공항에 나오지 않았고, 나는 혼자 양저우로 출발해야 했다. 짐을 부치고 출국 심사를 마친 후 면세 구역에 들어갔을 때 미영이에게 카톡을 보냈다. 사진을 첨부하면서, 사진 속 글에 대해 아는 바가 있는지 물었다. 모른다면 도서관에 들러 찾아봐 줄 수 있느냐고도 물었다. 이른 시간이기는 했지만 미영이는 이해해 줄 것 같았다. 그러나 비행기가 이륙하게 되어 휴대전화를 끌 때까지도 미영이는 그 글을 읽지 않았다. 차라리 그 편이 나았다. 이른 아침에 메시지를 보내 내가 잠을 깨우는 것은 아닌가 미안해하던 차였다. 평소처럼 자기가 늘 일어나는 시간에 일어나 메시지를 보고, 그러고 나서 그 글에 대해 무엇이든 답을 해 주는 편이 내게는 더 좋았다.

수서호 곳곳에는 유람선이 매어져 있었다. 겨울인 데다 평일 오후였다. 이용객이 많지 않을 시간이었다. 유람선은 물 위에 뜬 누각 같았다. 끝이 날렵한 처마 대신, 오래된 증기 기관차의 둥근 지붕같이 생긴 붉은색 지붕을 얹고 있었다. 25위안을 내면 저 유람선을 타고 수서호를 돌 수 있다는 안내가 보였다. 400위안을 내면 유람선 한 척을 통째로 빌릴 수 있다고도 적혀 있었다. 유람선도 나쁘지 않지만, 그래도 혼자는 걷는 편이 나았다. 서쪽 입구로 들어왔으니 적당히 걸어 남쪽 출구로 나갈 생각이었으나 굳이 남쪽일 필요도 없었다. 발길 닿는 대로 걷기로 했다.

호수 위에는 중국식 회랑들이 펼쳐져 있었고, 배 몇 척도 지나고 있었다, 곳곳에 지은 중국식 누각은 청록색 지붕에 하얀 담, 둥근 창을 가진 건물이 있는가 하면, 청나라 느낌이 나는 검은색 지붕의 건물도 있었다. 괴석들을 이용해 인공 폭포를 만든 곳도 있고, 오래된 분재들을 이용해 공원을 꾸민 곳도 있었다. 몇 군데는 그냥 지나치기만 했는데도 너무 넓은 호수를 걷느라 나중에는 다리가 아파 왔다.

수서호의 담녹색 물빛을 보면서 나는 양산 임경대를 떠올렸다. 임경대는 낙동강 서쪽 절벽에 있었다. 양산의 원동면에 있는 임경대 초입에는 임경대와 관련된 여러 시를 새겨 놓은 돌비석들이 곳곳에 벌어 있었다. 정사룡, 권만, 이만수, 김효원, 허적, 김극기, 남경의, 그런 문인들의 시와 함께 최치원의 시가 돌에 새겨져 있었다. 커다란 소나무가 자라고 있어 해가 잘 통하지 않는 탓인지 버섯도 군데군데 피어 있는 그곳. 지난해에 혹은 지지난 해에 떨어졌을지 모르는 솔잎들이 켜켜이 쌓여 있는 그곳에 돌비석에 새긴 시들이 있었다. 아침이 되면 더 아름다울 곳이었다. 낙동강에서 올라온 물안개가 오래된 솔숲의 곳곳을 감싸 신비롭기까지 할 그런 곳이었다.

거기서 조금 더 걸어 들어가 만난 임경대, 지금은 새로 지은 정자가 그 자리에서 낙동강을 조망하게 돕고 있었다. 정자에서 바라보는 낙동강은 평온했다. 강의 옛 이름은 황산강 혹은 황강이라 했다. 절벽 위에 선 임경대에서 황강을 조망하던 최치원. 지금은 한반도 지형이라고 소개된 저 강굽이가 천년 전에도 저런 모양이었는지는 알 수 없지만, 최치원이 여기 서서 바라보던 그 강빛은 그때도 저렇게 담녹색을 띠고 있지 않았을까. 흐린 겨울 하늘 아래 그날 나는 그런 생각을 했었다. 불과 며칠 전의 일이었다.

미영이가 답을 해 온 것은 하루가 지나서였다. 당성 유적지를 보고 동관거리를 걷던 그 시간 즈음이었다. 미영이에게 고맙다고 다시 답을 보내면서도, 양저우 차오판을 포장해 갈까 농담을 건네면서도, 사실은 내내 그 생각을 했던 것 같다. 현준이는 왜 하필 책의 그 부분을 사진 찍어 나에게 보냈을까, 여행을 접는 이유가 그 한 단락으로 설명된다고 생각한 걸까, 그렇다면 해운대에서는 왜 속 시원히 말하지 못했을까, 그런 생각들.

그 글은 조동일의《한국문학통사》제4판 1권 276쪽의 글이라 했다. 신라 한문학의 성숙을 다룬 챕터에서 '최

치원의 성공과 번민'이라는 제목으로 서술한 부분의 일부
라 했다. 그 단락 바로 앞에는 최치원의 시 〈가을 밤, 비
속에서(추야우중, 秋夜雨中)〉가 소개되어 있고, 이어 〈추야우
중〉 해제, 바로 다음이 현준이가 보낸 그 문단이라 했다.
미영이도 사진을 찍어 보냈다.

秋風唯苦吟 가을바람에 괴롭게 읊조리기만 하는데,
擧世少知音 온 세상에 내 소리 알아주는 벗 드물구나.
窓外三更雨 창밖에는 한밤중에 비가 오는데,
燈前萬里心 등불 앞에서 만 리의 마음 일어난다.

'가을바람에 괴롭게 읊조리기만 한다는 것은 만년의
처지를 잘 나타내 주는 말이다. 세상에서 격리되어 할 일
이라고는 시를 짓는 것뿐이지만, 시를 알아줄 사람은 드
물다. 홀로 고매한 경지에 이르렀기 때문이 아니고, 방 안
에 들어앉아서 역사의 현장을 외면하면서 스스로 고독을
택한 탓이다. 한밤중에 비가 온다는 말로 밖이 험난하기
만 하니 나갈 수 없다는 생각을 암시한다. 등불이 켜져 있
어 밝은 방 안에다 자기 세계를 설정하고 만 리를 오고 가
는 행적을 마음속으로 그릴 뿐이다.'

사실, 미영이가 답을 보내기 전에도 나는 어렴풋이

알고 있었다. 양저우에 있는 내내, 의식하지 않고 있다고 생각했으나 실은 오히려 또렷하게 깨닫고 있었다. 여행을 포기한 이유가 무엇인지, 어쩌면 현준이의 사진을 받자마자 나는 알았는지도 모른다. 역시 갈 수 없겠다는 현준이의 문자를 받았을 때에도, 마음이 바뀌어 늦게라도 오는 것은 아닌지 공항에서 연신 입구 쪽을 흘끔거릴 때에도, 이미 나는 현준이가 함께 가지 못하게 된 이유를 깨닫고 있었다. 그러나 그것을 내가 확인하거나 규정하거나 하고 싶지는 않았다. 그러나 이제 다시 돌아가야 할 이 시간, 굳이 그 답을 피할 이유도 없었다.

그래, 그것은 '실패'였다. 〈추야우중〉이 '실패의 증언'이라는 조동일의 선언이었다. 현준이가 최치원을 롤 모델로 삼은 것은 그의 빛나는 성공 때문이었다. 열두 살 어린 나이에 당나라로 유학해 그곳에서 성공을 거두고, 다시 신라로 돌아와 사람들의 존경을 받았다는 그의 성공담 때문이었다. 그러나 그런 성공의 이면에는 오히려 좌절이 더 많았음을, 엄밀히 말해서 최치원의 삶은 성공적이기보다 오히려 좌절의 순간이 더 많은 비극적 삶이었음을 현준이는 조금씩 알아 갔던 것이다.

최치원의 실패 이유를 조동일은 역사 창조에 동참하지 않아서라고 단언했다. 그것은 이제 겨우 최치원의 실패를 직시하기 시작한 현준이에게 또 다른 고민을 던져 주었을 것이다. 개인의 성공과 역사 창조를 연관시키는 것부터가 현준이에게는 힘든 일이었을 것이다. 현준이가 이해할 수 있었을까, 최치원의 선택이 실패로 이어지는 통일신라 하대의 격랑을. 뛰어난 문학적 재능만으로는 다 해결할 수 없던 시대의 도도한 흐름과 그 흐름을 읽지 못해 결국 시대 저편으로 전설처럼 사라지게 된 최치원의 삶을.

여행이 끝나 가고 있었다. 내일은 눈을 뜨는 대로 짐을 꾸려야 한다. 경비를 아끼기 위해 상하이와 난징을 거쳐 양저우로 들어온 대로, 다시 난징과 상하이를 거쳐 김해공항으로 들어가게 되겠지. 현준이와 동행하기 위해서, 인천 대신 김해에서 출발한 것인데, 결국 나는 현준이 없이 김해공항을 떠나 이곳 양저우에 왔고 여기에서 3박 4일 동안 최치원을 생각하다가 내일 다시 김해로 돌아간다. 김해에 도착하면 현준이를 만나야겠다.

19. 그리고 20.

해인사 가는 길은 걷는 것만으로도 세상의 더러움을 씻는 듯한 기분이 드는 길이다. 그 긴 길을 나의 두 다리로 걸어 올라갈 때는 말할 것도 없다. 맑은 물이 하얀 바위 위를 흐르는 홍류동 계곡을 따라 천천히 걷다 보면 어느새 세상의 때가 한 겹씩 한 겹씩 서서히 벗겨지는 느낌을 받게 되고, 해인사의 일주문을 들어설 무렵이면 이미 마음이 상당 부분 정화된 기분에 젖게 된다.

성보 박물관 앞에 차를 세우고 해인사로 들어가는 일도 그러하다. 차에서 내려 제일 먼저 접하게 되는 것은 소리가 있으되 조용하고 고요한 세상이다. 물론 그것은 공간적 격리 때문이기도 했다. 성보박물관은 가야산 입구의 매표소로부터도 상당히 들어온 곳에 있었으니까. 그러나 차문을 열고 차에서 내리는 바로 그 순간, 나는 내가 떠나온 도시의 소음이 가야산의 고즈넉함과 급격하게 대체되는 것을 경험하게 된다. 이 경험은 드라마틱하기까지 하다.

그 극적인 경험은 곧이어 또 하나의 변곡점을 맞는다. 홍류동 계곡을 넘는 작은 다리 위에서이다. 박물관 앞에서 절 쪽으로 천천히 걸어가다가 계곡을 넘는 다리 위에 서는 바로 그 순간, 조금 전까지의 고즈넉함은 계곡에서 들려오는 물소리와 순식간에 교체된다. 조금 전까지 들려오던 산새 소리라든가 윙윙대는 벌의 날갯짓 소리는 순간적으로 계곡 물소리에 덮여 사라지고, 나는 갑자기 계곡의 한가운데 서 있는 느낌을 받게 된다. 해인사에 갈 때마다, 홍류동 계곡의 작은 다리에 설 때마다, 나는 매번 그런 극적인 변화를 경험한다.

현준이는 그새 생각이 많이 정리된 듯했다. 양저우에서 돌아와서는 문자를 짧게 나눈 게 전부였다. 바로 만나고 싶었으나 시간이 여의치 않아 망설이는 사이 어느새 여름이 시작되고 있었다. 세상이 연초록을 벗고 제법 짙어지기 시작할 무렵이었다. 연휴를 이틀 앞둔 수요일, 현준이가 전화를 걸어 왔다.

금요일부터 연휴인데 마침 내일은 제가 수업이 없거든요. 저, 해인사 가고 싶은데, 내일 해인사 같이 가실래요? 현준이는 그렇게만 말했다.

그사이에도 물론 나는 현준이를 지켜보고 있었다. 현준이가 어찌 지내는지 페이스북을 통해서는 조금 알 수 있었다. 고민이 많은 모양이었다. 새 글을 포스팅 하는 일은 거의 없었다. 친구들의 글에 누르는 '좋아요'가 그가 남기는 흔적의 대부분이었다. 그러다가 아주 가끔 링크를 공유하기도 했다. 난민 문제에 대한 글, 투표 참여 독려, 뭐 그런 글들. 한번은 페미니즘에 대한 것을 링크해 놓기도 하고.

그러더니 요 며칠 새 분위기가 바뀐 듯했다. 다시 야구장에 간 모양인지 야구장에서 찍은 사진을 페이스북에 올렸다. 야구장에는 그전에도 갔는지 모르겠지만 페이스북에 자신의 개인적인 이야기를 다시 올리는 건 양저우 그 무렵 이후 아주 오랜만의 일이었다. 그 며칠 전에는 '다시 바빠지기로 한다'라는 글이 올라오더니.

"왜 안 물어봐요? 그때, 갑자기 혼자 여행을 떠나게 되어 황당했을 텐데도, 너 왜 그랬니, 이런 말을 형은 한 번도 안 하네요? 여기 해인사까지 오는 동안에도 내내……."

일주문을 막 지나던 무렵이었다.

"뭐, 네가 먼저 말하겠지 싶어서. 이제 말하려고?"

현준이가 픽 웃더니 고사목 앞에 섰다. 일주문을 들

어서서 오른편에 있는 커다란 나무. 말라 죽은 나무였다.

"형. 여기서 좀 쉴까요?"

"그래, 좀 쉴까?"

마땅히 앉을 데는 없었다. 그저 잠시 걷기를 멈추고 싶은 모양이구나, 어쩌면 이제야 이야기를 하고 싶은 거로구나, 그렇게 생각했다.

절 주변을 훑어보았다. 초여름의 여린 맛이 있는 숲이었다.

"형. 이 나무는 보통 나무들과는 다르겠어요."

"그렇겠지? 고사목이라 해도 이 나무는 수명이 다 해서 죽은 나무일 거 아니야? 천이백 년이나 살았다잖아."

내가 팻말을 가리켰더니 현준이가 팻말 대신 잠시 나를 응시했다. 그러더니 얼굴에 웃음을 슬쩍 피우면서 다시 말했다.

"아니오, 그런 뜻이 아니고요. 이 나무는 천이백 년 전에도 여기 있었다니 그럼 이 나무는 최치원을 봤을 수도 있겠다 싶어서요. 최치원이 나중에는 여기 해인사에 들어와 살았다면서요."

갑자기 쿡 하고 웃음이 났다. 한꺼번에 긴장이 풀어지는 느낌이었다.

"아, 왜 또 갑자기 최치원이야? 너, 다시 최치원이야?"

현준이가 빙긋 웃었다.

"그러게요. 다시 최치원이네요, 제가."

그러더니 고개를 들어 고사목을 끝까지 올려다본다.
말없이 시간이 좀 흐르고, 이번에는 꽤 밝은 목소리로 현
준이가 이야기를 시작했다.

"최치원의 실패를 받아들이기 힘들었어요, 처음에는.
아니, 실패를 받아들이기 힘들었다기보다는 실패한 이유
를 받아들이기 힘들었어요."

나는 이해한다는 표정을 지어 보였다.

"형도 알지만, 제게 최치원은 노력과 성공 그 자체였
잖아요. 인백기천이라는 말, 제가 얼마나 좋아하는지 형
은 알죠? 저도 그렇게 살려고 했죠. 남이 백을 하면 나는
천을 할 만큼 열심히 노력해서 그래서 변호사가 되려고
했어요. 그 누나처럼 로스쿨을 졸업하고 변호사가 되려고
했어요."

"그래, 그런다고 했잖아."

"변호사가 된다는 건 뒤늦게 꾸게 된 제 꿈이었어요.
검정고시를 봐서라도 이 학교에 들어온 건 이 학교가 그
런 제 꿈을 이루도록 도와줄 거라는 믿음 때문이었죠. 그
래서 학과 공부도 아주 열심히 했어요. 나중에 성적이 들
어가니까. 저, 과 톱이에요, 매학기."

"오, 공부 잘하는구나, 너?"

"영어도 열심히 했어요. 공인 점수 필요하니까. 성적도 꽤 나오고요. 리트도 준비하죠. 리트 과목인 언어이해, 추리논증, 모두 열심히 준비하고 있어요."

"그래, 로스쿨 입학시험이라는 그거?"

"네. 그런데, 그런데 최치원이 실패를 했네요? 저는 최치원이 성공 가도를 달렸다고 생각했고, 그건 다름 아닌 그의 노력 때문이었다고 생각해 왔는데, 그런데 그런 최치원이 실패를 했어요. 그렇게 열심히 노력했는데도. 그렇게 치열하게 살았는데도 말이에요."

"신라가 그런 사회였잖아. 골품제의 한계를 벗어나기가…."

"아니오, 아니오, 형."

현준이가 내 말을 막았다.

"그게 아니고요. 골품제 때문에 실패했다, 그거 말고요."

"응?"

"최치원의 실패는 역사 창조에 동참하지 못해서라는 그 이야기. 제가 보낸 사진 속 그 문장. 제게는 그 문장이 너무나 무겁게 느껴졌어요."

"그 책의 그 문장 말이야?"

"네, 그 문장. 그전까지는, 화려한 마지막을 보내지 못해서 그렇지, 최치원의 삶 자체는 성공적이었다고 생각했어요. 그런데 그 문장을 읽으면서 머리가 많이 아프더라고요. 이때의 실패는 뭐지? 역사 창조에 동참해야 한다고? 그게 무슨 소리지?"

뜻밖의 이야기에 오히려 내가 살짝 당황했다. 나는 그동안, 지방관을 전전하다가 결국 가야산으로 들어가 버린 최치원의 마지막이 현준이가 생각하는 화려한 피날레가 아니라는 점에 현준이의 고민이 있었다고 생각했다. 그런데 그것이 아니었다니. 내가 현준이를 너무 어리게 봤구나.

"저는 최치원이 해인사로 들어간 것도 좋았어요. 형도 아시지만, 최치원의 형이 해인사 승려였다죠. 현준이라고. 저랑 이름이 같잖아요."

"그래. 나도 그 생각을 했었어."

"대부분의 사람은 태어나고 죽는 것까지 해서 하나로 딱 정리가 되는데, 그러니까 완결성을 갖는 셈인데, 그런데 최치원은 아니잖아요. 언제 죽었는지 어디서 죽었는지도 모른다잖아요. 저는 그것도 좋더라고요. 열린 결말이니까."

"열린 결말?"

"네. 다양한 해석이 가능하잖아요, 그의 마지막 모습에 대해서. 그런데 그런 것마저 다 좋아하는 저에게 '역사 창조에 동참하지 못해 실패한 삶'으로 최치원을 규정하는 건 받아들이기가 쉽지 않더라고요."

"그 글은 언제 읽었어?"

"형이랑 동백섬 걸은 다음 날 아침에요. 여행 전날이죠, 그러니까."

"그래서 만나자고 한 거구나."

"네. 그 문장을 읽고 나니 양저우까지 가는 게 갑자기 무슨 의미가 있나 싶어지더라고요. 양저우에서, 아니 당나라에서 그렇게 이름을 날린 것도 결국은 자신의 성공을 위해서였는데."

"너는 원래 성공 지향자 아니었어? 성공을 위해 사는 게 왜 나쁜 거냐고 묻기도 하고 그랬잖아?"

"맞아요. 저는 성공하고 싶어요, 지금도."

"지금도?"

"네. 그런데 그 문장을 읽고 그 성공의 개념이 조금 달라지긴 했어요."

"개념이 달라졌다?"

"이전까지의 성공은 최치원의 목표와 같았어요. 문학적 재능을 통해 자신의 영달을 이루는 것, 그런 거였어요.

제 경우로 놓고 보자면, 아주아주 열심히 공부해서 변호사가 되자, 성공하자, 이런 거죠."

"그런데?"

"그런데 지금은 좀 더 넓어졌달까요?"

"어떻게?"

"인백기천의 노력으로 열심히 달리긴 할 거예요. 변호사가 되기 위해 일단 로스쿨부터 가야겠죠. 그러나, 단지 변호사가 되기만 하지는 않을 거예요. 변호사가 되기 위해 노력하겠지만, 사회에 도움이 되는 그런 변호사가 될 거예요. 사회에 도움이 된다는 거, 그게 역사 창조에 동참하는 거라는 생각을 하게 되었어요."

"사회에 도움이 되는 변호사?"

"뭐, 인권 변호사가 되겠다든가, 그런 구체적인 업무의 성격을 이야기하는 게 아니에요. 저는 제가 하는 일이 사회 발전에 어떤 영향을 주는 건지, 그런 것을 생각하며 일하는 변호사가 되겠다는 거죠. 너무 막연한가요? 그러나 형, 저는 스무 살이지만, 얼마 안 있으면 대학을 졸업해요. 이런 이야기, 어린이가 자기의 미래를 설계하는 것과는 많이 달라요."

"그렇지. 나이는 스물이지만 너는 일찍 청년이 된 셈이지."

"박주민 변호사, 박준영 변호사, 저는 그런 변호사가 되고 싶어요. 최치원처럼 인백기천의 노력을 기울이되, 역사 창조에 조금이라도 도움이 되는 사람, 사회 발전에 조금이라도 도움이 되는 사람, 그런 사람이 되고 싶어요."

"그게 네가 한동안 최치원에 몰입해서 얻은 결론이구나."

"네. 양저우에는 가지 않았지만, 그간 형의 글을 읽고 형의 이야기를 들으며, 또 책을 찾아 읽으며 제가 최치원의 삶을 따라가 보고 점검하면서 갖게 된 생각이죠. 형이 양저우에 다녀온 건 2월이지만 지금은 곧 6월이 되잖아요. 생각할 시간은 충분했죠. 최치원은 머리가 비상한 사람이었고 보통 사람들보다 더 많이 노력하는 멋진 사람이었어요. 하지만 역사의 흐름을 읽지 못하는 지식인의 모습을 보여 주는 사람이기도 하죠."

현준이도 이제는 단정하고 있었다.

"이 시대의 많은 사람도 그렇게 살지 않나요? 머리도 좋고 인물도 좋고 집안마저 좋은 사람들이 자기 자신의 성공만을 좇으며 살죠. 가끔은 타락의 구렁텅이로 떨어지는 사람도 있지만, 대개는 그렇게 일생을 호의호식하다가 자기 자식에게 다시 그것을 물려주고 떠나요. 사람들은 그런 사람들의 삶이 불행할 거라 생각하지만, 사실은 아주 행복하죠. 그들과 그들의 후손도 계속 행복하죠."

"그건 그래. 그들 스스로는 다들 행복하게 잘 먹고 잘 사는 경우가 많지."

"일제시대에 거기 부역한 사람들은 우리의 예상과는 달리 지금도 잘 살고 있잖아요? 조국의 미래나 겨레의 운명에는 눈감고 그저 자신의 성공만을 좇은 사람들도 지금까지 여전히 잘 살고 있죠. 그러나 저는 생각해요. 시간이 좀 더 흐르면 그들의 삶에 대해서도 '역사 창조에 동참하지 못한 실패의 증언'이라 규정할 날이 올 거라고."

현준이가 이렇게 많은 이야기를 쏟아 낼 줄은 몰랐다. 그저 문의 손잡이를 한두 번 슬쩍 흔들었을 뿐인데 갑자기 팡파르가 울리며 양쪽 문이 한꺼번에 활짝 열린 것 같았다.

"물론 최치원은 역사 발전의 반대 방향에 있던 사람은 아니에요. 오히려, 많은 재능과 능력을 지녔지만 역사 발전 방향을 몰라 우왕좌왕하다 생을 마감한 사람이라 할까요. 시대를 잘못 타고 태어나 불행한 삶을 살다간 사람일 수도 있고요. 열두 살 때 벌써 부모님 곁을 떠나 타국에서 성공을 위해 노력했던 사람. 그러나 거듭되는 선택의 문제에서 세상과의 불화를 구체적으로 경험하다가 가야산으로 숨어들어 간 그런 사람. 참 외롭고 슬픈 인생이죠."

절의 제일 높은 곳에 있는 팔만대장경까지 보고 학사대 앞을 지나 절 안의 북카페에 앉았을 무렵이었다. 외롭고 슬픈 사람이었다는 현준이의 평을 부정하고 싶지 않았다. 뭐 하려고 그런 어린 나이에 혼자 먼 당나라까지 갔을까, 결국 그렇게 세상을 피해 산 속으로 숨어들어 갈 거였으면서. 그러나 그것도 부질없는 생각이었다.

"다시 바빠지기로 했다는 그 말도, 그럼? 페이스북에 올렸잖아?"

화강암을 잘라 돌아가며 화엄일승법계도를 박아 둔 절 마당에 시선을 둔 채 내가 물었다.

"네, 맞아요. 그건 제 역량을 키우는 문제니까. 저도 최치원처럼 인백기천의 삶을 살아야죠."

우리는 잠시 말없이 앉아 있었다. 이런저런 소리들이 카페를 채우고 있었다. 유리잔 달그락거리는 소리와 책장을 넘기는 소리 사이로 저 안쪽에서는 나지막한 웃음이 꽃처럼 흩어지고 있었다.

"참. 아까 홍류동 계곡 넘는 그 다리에서 이 시를 보여 주려고 했는데 잊었다. 가야산 독서당에서 지었다니까 오늘 해인사에 어울릴 것 같아서 보여 주려고 했는데."

휴대전화를 꺼내어 사진을 찾았다. 그러고는 사진으

로 찍어온 최치원의 시 〈제가야산독서당(題伽倻山讀書堂)〉을
현준이에게 보여 주었다.

狂奔疊石吼重巒 돌 사이 세찬 물에 온 산이 부르짖어
人語難分咫尺間 지척 간 사람 말도 알아듣기 어렵구나.
常恐是非聲到耳 시비 소리 귀에 들릴까 늘 두려워
故敎流水盡籠山 일부러 흐르는 물로 온 산을 둘러쌌네.

"세상의 옳고 그름을 따지는 시비 소리를 물소리로
덮는다는 거지. 이이제이(以夷制夷)가 아니라 이성제성(以聲
制聲), 소리로 소리를 제압한달까."

"소리로 소리를 제압한다고요?"

"나는 홍류동 계곡을 넘는 그 작은 다리에서 이 시
를 경험했어. 그 다리 위에 서는 순간, 세상의 소리는 다
사라지고 오로지 계곡의 물소리만 들리더라고. 자신의 형
현준이 해인사에 있었으니까 최치원은 해인사에 자주 왔
겠지. 올 때마다 홍류동 계곡 앞에서 이런 경험을 하지 않
았을까? 세상의 시끄러운 소리를 계곡 물소리로 제압하
는 경험."

"그렇게 세상과의 불화가 극심했군요. 물소리로 덮어
버리고 싶을 만큼."

"그래서 생의 마지막 모습까지도 세상으로부터 감춘 거겠지. 그의 마지막을 알 수 없는 세상은 그를 신선이 되었다고 이야기하곤 하지만."

"참, 형. 제가 사진 더 보내드릴게요. 제게 큰 영향을 준 대목이니까 형도 한번 읽어 보세요."

현준이가 메시지로 보낸 사진을 확인했다. 역시《한국문학통사》의 한 부분 같았다.

'이미 후삼국의 쟁패가 벌어졌는데 신라를 위해 끝까지 애써야 할 이유가 없고, 그렇다고 해서 후백제나 고려를 택할 용단도 내리지 못하는 어물쩍한 처지에서 세상에서 물러나 은거하는 것밖에 다른 길을 찾지 못했다.'

그다음 문장에는 사진 편집앱을 이용해 밑줄이 그어져 있었다.

'놀라운 재능을 역사의 방향과 연결시킬 수 없었던 지식인의 본보기를 일찍 보여 주었다.'

이거였구나, 현준이가 찾은 답은. 내가 고개를 들자 현준이가 씩 웃었다.

"형. 한 장 더 있어요. 지금 보내는 사진은 제가 직접 써서 책상 앞에 붙여 둔 글이에요. 물론 그 옆엔 전에 붙여 둔 인백기천이 붙어 있긴 하죠."

현준이가 다시 보내온 것은 책상에 붙은 포스트잇

사진이었다. 한 문단쯤 되는 글을 손 글씨로 적은 포스트 잇이었다.

'최치원은 당나라에서뿐만 아니라 귀국해서도 항상 영달의 기회를 찾고 재능을 발휘하고자 했다. 그 때문에 현실 감각을 계속 가지기 어려웠고, 후삼국의 쟁패가 벌어진 역사의 커다란 전환점에서 할 수 있는 일이 무엇인지 발견하지 못했다.'

사진 속 한 부분에는 형광펜으로 밑줄이 그어져 있었다. 그래서 '할 수 있는 일이 무엇인지'라는 부분이 유독 도드라져 보였다. 현준이의 손 글씨를 여러 번 읽었다. 그러자 불현듯 관념 속에 머물던 말들이 하나씩 의미를 가지고 살아나는 것 같았다. 생동감 있는 말로 다시 다가오는 것 같았다.

어느새 비가 내리고 있었다. 초여름 산사에 내리는 비는 절의 지붕을 타고 흘러, 처마 끝 절 마당에 한 줄로 동심원 여러 개를 만들고 있었다. 서울로 올라가는 차 시간을 확인하려다가 그만뒀다. 현준이도 나도 잠시 세상을 잊고 있었다. 나는 괜찮다고 생각했다. 해인사는 그런 절이니까.

부록

최치원　답　사
연　보　길잡이

서기	신라(新羅)	당(唐)	나이	사적
857년	헌안왕(憲安王) 1년	선종(宣宗) 대중(大中) 11년	1세	왕경(王京, 지금의 경상도 경주) 사량부(沙梁部)에서 태어나다. 성은 최씨요, 이름은 치원이며, 자는 고운, 혹은 해운이라 하고, 호(號)도 역시 고운(孤雲)이라 한다.
868년	경문왕(景文王) 8년	의종(毅宗) 함통(咸通) 9년	12세	열두 살의 어린 나이에 당나라로 유학을 떠나다. 아버지에게 "네가 당나라에 가서 10년을 공부하여 과거에 급제하지 못하면 나의 아들이라 하지 마라. 나도 아들을 두었다 하지 않을 터이니, 아무쪼록 부지런히 공부하여 이 아비의 소원하는 바를 잊지 말고 꼭 공을 세우도록 하라"는 간곡한 훈계를 받다.
874년	경문왕 14년	희종(僖宗) 건부(乾符) 1년	18세	천품이 뛰어나고 재질이 비범하여 모든 고난을 극복하고 널리 현사(賢師)를 찾아서 수학하다. 오직 아버지의 엄격한 훈계를 마음에 새겨 조금도 잊지 않고 인백기천(人百己千)의 노력으로 유학한 지 6년 만에 빈공과(賓貢科)에 급제하여 진사(進士)가 되다.
876년	헌강왕(憲康王) 2년	희종 건부 3년	20세	선주(宣州) 율수 현위(溧水縣尉)에 임명되었다. 급제 이후 3년여의 수선 기간을 거친 뒤다. 쌍녀분(雙女墳)의 기담(奇談)도 이때의 일이다.
877년	헌강왕 3년	희종 건부 4년	21세	이해 겨울, 율수 현위의 임기를 마치고, 박학굉사과(博學宏辭科)에 응시하기 위해 종남산(終南山)에 들어가 공부하다.
878년	헌강왕 4년	희종 건부 5년	22세	녹봉과 양식이 다 떨어져 박학굉사과에 응시하기 위한 공부를 그만두다. 고병(高騈, ?~887)의 추천으로 관역순관(館驛巡官)에 임명되다.

서기	신라(新羅)	당(唐)	나이	사적
879년	헌강왕 5년	희종 건부 6년	23세	고병이 제도행영(諸道行營) 병마도통(兵馬都統), 관군(官軍)의 총지휘자가 되어 황소(黃巢)의 토벌에 나설 무렵, 고병의 종사관(從事官)으로 임명되다. 이후 고병의 공문서를 대신 짓는 일을 도맡다.
880년	헌강왕 6년	희종 광명(廣明) 1년	24세	도통순관 승무랑 전중시어사 내봉공(都統巡官 承務郎 殿中侍御史 內奉供)에 임명되다.
881년	헌강왕 7년	희종 중화(中和) 1년	25세	〈토황소격문(討黃巢檄文)〉을 지어 황소(黃巢)의 간담을 서늘하게 하다.
884년	헌강왕 10년	희종 중화 4년	28세	신라로 귀국할 뜻을 밝히자 희종이 조서(詔書)를 내려 허락하고 사신의 임무를 주다. 고병은 200관이나 되는 돈과 행장을 갖추어 주었으며, 또 당나라 문사(文士)들인 고운(顧雲), 양첨(楊瞻), 오만(吳巒) 등과 이별하며 시를 주고받다.
885년	헌강왕 11년	희종 광계(光啓) 1년	29세	신라로 돌아오다. 시독(侍讀)겸 한림학사(翰林學士) 수병부시랑(守兵部侍郎) 지서서감(知瑞書監)의 요직에 임명되다.
886년	헌강왕 12년	희종 광계 2년	30세	당나라에서 지었던 《계원필경집(桂苑筆耕集)》과 《중산복궤집(中山覆櫃集)》및 시부 3권을 합하여 헌강왕에게 올리다. 진감선사 혜소를 추모하는 탑에 새길 비명(碑銘)을 지으라는 왕명을 받다.
890년	진성여왕(眞聖女王) 4년	소종(昭宗) 대순(大順) 1년	34세	내직을 사양하고 지방관을 자청하다. 태산군(太山郡, 지금의 전북 정읍시 태인읍) 태수(太守)에 임명되다. 태수가 되어 지방 백성들을 다스리는 일에 힘쓰다. 낭혜 화상을 추모하는 탑에 새길 비명(碑銘)을 지으라는 왕명을 받다.

서기	신라(新羅)	당(唐)	나이	사적
893년	진성여왕 7년	소종 경복(景福) 2년	34세	부성군(富城郡, 현재의 충남 서산시) 태수로 임명되다. 조정에서 하정사(賀正使)로 삼아 당나라에 파견하려 하였으나, 때마침 흉년으로 민생은 도탄에 빠지고 사방에서 도적이 일어남으로써 길이 막혀 부득이 중지하다. 헌강왕의 유명(遺命)으로 찬술된 지증대사(智證大師)의 비문을 완성하다.
894년	진성여왕 8년	소종 건영(乾寧) 1년	37세	혼란한 국정을 수습하기 위해 시무십여조(時務十餘條)를 올려 공로를 인정받아 아찬(阿湌)의 벼슬을 받다. 그러나 그 시무책은 실행을 보지 못하다.
898년	효공왕(孝恭王) 2년	소종 광화(光化) 1년		벼슬을 내놓고 세상을 등진 채 전국을 유람하기 시작하다. 〈신라 가야산 해인사 결계장기(新羅伽倻山 海印寺結界場記)〉를 짓다.
900년	효공왕 4년	소종 광화 3년	38세	〈해인사 선안주원 벽기(海印寺 善安住院 壁記)〉를 짓다.
1020년	고려(高麗) 현종(顯宗) 11년	송(宋) 진종(眞宗) 천희(天禧) 4년	사후	내사령(內史令)에 추증(追贈)되고 문묘(文廟)에 종사(從祀)되다.
1023년	현종 14년	인종(仁宗) 천성(天聖) 원년	사후	문창후(文昌侯)로 추봉(追封)되다.
1834년	조선(朝鮮) 순조(純祖) 34년	청(淸) 선종(宣宗) 도광(道光) 14년	사후	전라도 관찰사로 있던 서유구(徐有榘, 1764~1845)가 홍석주(洪奭周, 1774~1842)의 집안에 전해 온 《계원필경집》을 빌려 100부를 간행하다.

최치원
유적지

⑪ 문경 봉암사
지증대사
적조탑비

⑩ 보령 성주사
낭혜화상 백월보광탑비

경주 상서장

② ①
경주 독서당

⑨ 군산 옥구향교

⑥ 함양 상림

⑤ 양산 임경대

③ 부산 동백섬
최치원 유적지

⑧ 정읍 무성서원

⑦ 하동 쌍계사
진감선사탑비

창원 월영대

④

❶ 경주 상서장

최치원이 머무르면서 공부하던 곳이라
전한다. 최치원은 894년에 사양길에
접어든 신라의 국운을 쇄신하는 경륜을
담은 시무십여조(時務十餘條)를
진성여왕에게 바쳤으나 채택되지 않았다.
상서장(上書莊)이라는 이름은 이 집에서
왕에게 상서를 올렸다는 데서 유래한 것으로
전해진다. 현재 영정각 3칸, 상서장 5칸,
추모문 3칸, 수호실 3칸으로 구성된 와가
3동으로 되어 있으며, 1874년(고종 11)에
건립된 비가 있다.

❷ 경주 독서당

최치원이 당나라로 유학을 떠나기 전 학문을
닦던 곳이라고 전한다. 1850년(철종 1)
건립된 최치원유허비가 건물 왼쪽 비각 안에
놓여 있으며 담장 밖에 최치원이 심었다고
전하는 향나무가 있다.

❸ 부산 동백섬 최치원 유적지

최치원이 해인사에 은거하기 전에
머물렀던 곳으로 알려져 있다. 동백섬
남쪽 바닷가의 바위에는 지금도 한자로
'해운대(海雲臺)'라는 글씨가 새겨져 있는데,
최치원이 직접 새긴 것으로 추정된다.
이에 근거해 동백섬에는 최치원 유적지가
공원으로 조성되었고, 여러 차례에 걸쳐 기념
사업이 추진되었다. 1971년 '고운 최치원
선생 동상'이 건립될 때 동상의 가림막돌에
최치원의 약전(略傳, 사람의 사적을 간략히
적어서 뒷세상에 전하는 기록)과 한시 9편이
함께 새겨졌다.

❹ 창원 월영대

최치원이 대(臺)를 쌓고 제자들을
가르쳤다고 전하는 곳이다. 높이 1.2미터
정도의 직사각형 보호 축대로 둘러져 있고
동편 중앙에는 1691년(숙종 17) 최위(崔瑋)가

창원 도호부로 부임하며 정화하고 세운
유허비(遺墟碑)가, 서편에는 1930년경 최씨
문중에서 세운 추모비가 팔작지붕 비각에
안치되어 있다.

❺ 양산 임경대

일명 고운대, 최공대(崔公臺)라고 하는데,
황산강(현 낙동강의 옛 이름) 서쪽 절벽 위에
있다. 벽에는 최치원의 시가 새겨져 있었으나
오래되어 조감하기 어렵고, 시만 전할
뿐이다. 임경대(臨鏡臺)는 오봉산 제1봉의
7부 능선에 있는 바위 봉우리로 낙동강과
건너편의 산, 들과 어울려 수려한 산천을
확인할 수 있는 훌륭한 명소 중의 하나다.

❻ 함양 상림

약 1100년 전인 신라 말 함양(당시는 천령)
태수였던 최치원은 고을을 가로지르는
위천이 넘쳐흐르는 것을 막기 위해 둑을
쌓고 물줄기를 지금의 위치로 돌리고서
그 둑을 따라 나무를 심었다. 이것이
퍼져 이루어진 숲이 상림으로 원래
대관림(大館林)이라 불렸다. 대홍수에 의해
둑의 중간이 파괴되자 그 틈으로 집들이
들어서서 상·하림으로 나뉘었다가 하림은
없어지고 지금의 상림(上林)만 남았다.
우리나라에서 가장 오래된 인공림으로
천연기념물 제154호다.

❼ 하동 쌍계사 진감선사탑비

하동 쌍계사에 있는 통일신라시대의 비석. 이
비는 신라 정강왕(886~887, 재위)이 신라
말의 고승 진감선사 혜소(774~850)의 높은
도덕과 법력을 앙모하여 대사가 도를 닦던
옥천사를 쌍계사로 고친 뒤에 건립한 것으로
최치원에게 비문을 짓고 쓰도록 하였다.

❽ 정읍 무성서원

무성서원(武城書院)이 위치한 태인은

이미 신라시대에 태산현이 설치되었던 곳으로, 최치원은 이곳의 현령을 지냈다. 최치원이 합천의 군수로 전출된 뒤, 고을 사람들이 최치원을 기리기 위하여 유상대(流觴臺) 위에 생사당을 지었는데 이것이 선현사(先賢祠)이고, 조선 시대인 성종 15년(1484년)에 선현사를 지금의 자리로 옮긴 것이 바로 태산사(泰山祠)로 무성서원의 전신이다. 광해군 7년(1615년)에 태산사 자리에 현지 선비들이 서원을 짓고, 80여 년이 지난 1696년에 사액을 받았다.

❾ 군산 옥구향교

조선시대의 지방 교육기관이다. 옥구향교 내에는 단군성묘(檀君聖廟)가 있고, 옆으로 최치원의 영정이 봉안된 문창서원(文昌書院), 고운 최치원이 글을 읽으며 지냈다는 자천대(紫泉臺)가 있다. 자천대는 "최치원이 소년 시절에 무관으로 내초도(지금은 육지가 됨)의 수군장으로 부임한 아버지 최충을 따라와 살던 곳"이라는 설이 있는데, 이곳 정자에서 글 읽는 소리가 당나라까지 들려 사신이 건너와 그를 데리고 갔다"는 이야기가 전한다. 최치원이 당나라에서 돌아왔을 때 세상의 인심이 어지럽고 어수선하자, 자천대에 올라 책을 읽으며 근심과 걱정을 달랬다고 한다. 문창서원은 옥구향교 구내에 있다. 차전대와 마주 보는 곳에 담장으로 둘러싸인 정면 3칸 규모의 건물이다. 차전대에서 소요했다는 최치원 선생을 모신 사당인데 시호인 문창후를 서원명으로 쓴 것이다.

❿ 보령 성주사 낭혜화상 백월보광탑비

통일신라 말의 고승 무염(無染, 801~888)의 탑비. 이 석비는 신라 헌덕왕 때 당나라에 수학하고 돌아온 낭혜화상 무염을 위해 세워진 탑비로 귀부 위에 비신을 세우고 이수를 얹은 일반형 석비이다. 신라시대의 비석으로는 최대의 것이며, 아름다운 조각은 신라시대 석비의 걸작으로 꼽힌다. 최치원 사산비 가운데 하나로 비문은 최치원이 짓고 글씨는 최인곤이 썼으며 비를 세운 연대는 신라 진성여왕 4년(890)으로 추정하고 있다.

⓫ 문경 봉암사 지증대사 적조탑비

신라 말기 선종 불교의 아홉 개 대표 종파였던 구산선문(九山禪門) 중 하나인 희양산문(曦陽山門)의 개창자 지증대사(智證大師)의 공적을 기리기 위해 세운 비석이다. 최치원이 지은 다른 비문들인 대숭복사비(大崇福寺碑), 성주사 대낭혜화상 백월보광탑비(大朗慧和尙白月葆光塔碑, 국보 제8호), 쌍계사 진감선사 대공령탑비(眞鑑禪師大空靈塔碑, 국보 제47호)와 함께 사산비문의 하나로 일컬어진다.